감수 · 최기영 (인하대학교 항공우주공학과 교수)
서울대학교에서 항공공학을 전공하고 스탠퍼드 대학원에서 항공우주공학 박사 학위를 받았습니다.
현재 인하대학교 항공우주공학과 교수로 재직하면서 무인기를 설계하고 자동조종장치를 개발하는 등 무인기에 관한 다양한 연구를 진행 중입니다.

지음 · 김수경
서울대학교 졸업 후 잡지와 방송에 글을 쓰다가 어린이 책을 쓰기 시작했습니다. 지은 책으로는
《덩키호테 박사의 종횡무진 과학모험(현4권)》《행복한 부자가 되는 소녀 경제 이야기 65》,
〈과학백과〉 시리즈의 《로봇백과》《바다해저백과》《드론백과》《인공지능백과》 등이 있습니다.

그림 · 정주연
만화가와 삽화가, 만화 강사로 활발히 활동 중입니다. 그동안 《월드 크래프트 어드벤처》를 비롯하여 〈How so?〉 시리즈의
《지구》《바다》《우주와 태양계》《군주론》《의무론》 등의 만화를 그렸으며, 〈스토리텔링 수학〉 시리즈의 《스파이 수학》
《바이킹 수학》, 〈과학백과〉 시리즈의 《드론백과》《인공지능백과》 등의 삽화를 그렸습니다.

2018년 4월 15일 초판 1쇄 펴냄
2022년 9월 10일 초판 4쇄 펴냄

지음 · 김수경 **그림** · 정주연 **감수** · 최기영(인하대학교 항공우주공학과 교수)
사진 제공 · (주)케바드론, 한국드론레이싱협회, (주)메타파스

펴낸이 · 이성호 **펴낸곳** · (주)글송이
편집/디자인 · 임주용, 최영미, 한나래 **마케팅** · 이성갑, 윤정명, 이현정, 김병선, 문현곤, 조해준, 이동준
경영지원 · 최진수, 이인석, 진승현

출판 등록 · 2012년 8월 8일 제2012-000169호 **주소** · 서울시 서초구 능안말1길 1 (내곡동)
전화 · 578-1560~1 **팩스** · 578-1562 **홈페이지** · www.gsibook.com

ⓒ글송이, 2018

ISBN 979-11-7018-410-2 74400
      979-11-7018-343-3 (세트)

*이 도서의 국립중앙도서관 출판시도서목록(CIP)은 서지정보유통지원시스템 홈페이지(http://seoji.nl.go.kr)와
 국가자료공동목록시스템(http://www.nl.go.kr/kolisnet)에서 이용하실 수 있습니다. (CIP제어번호: CIP2018011483)

*이 책은 저작권법에 따라 보호받는 저작물입니다. 무단 전재와 무단 복제를 금지하며, 이 책의 내용이나 사진의 전부 또는
 일부를 이용하려면 반드시 (주)글송이와 사진 저작권자의 서면 동의를 받아야 합니다.

감수의 글
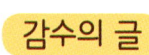 

무선 조종 장난감이나 날아다니는 신기한 카메라에서 시작되었던 드론이 이제는 우리 일상 속 깊이 자리를 잡게 되었습니다. 현재 진행 중인 4차산업혁명의 핵심 분야로도 손꼽히며 주목받고 있지요.

《우리 아이 상상력을 키워 주는 놀라운 드론백과》는 드론의 역사, 기능, 구조에 관한 내용을 어린이들의 눈높이에 맞추어 쉽고 재미있게 구성했습니다. 또한 다양한 드론의 종류와 각각의 쓰임새도 소개합니다. 그중에는 곧 실용화되어 우리 생활에 도움을 줄 수 있는 드론도 있고, 아직 구상 단계에 머물러 있어 실용화되기까지 좀 더 시간이 걸리는 것도 있습니다. 드론에 관한 여러 아이디어는 꾸준한 연구와 개발을 통해 실용화되어 우리의 삶을 풍요롭게 변화시켜 줄 것입니다.

군사용 드론 같이 복잡한 구조와 높은 성능의 드론을 개발하는 것은 전문가의 몫이지만, 드론을 활용해서 다양한 일을 해내는 것은 드론에 관한 지식과 상상력이 있는 사람이라면 누구나 할 수 있는 일입니다. 어린이들이 이 책을 통해서 드론에 관한 지식을 쌓고 멋진 상상력을 키워 나가 미래의 드론 산업을 이끄는 사람이 되기를 바랍니다.

인하대학교 항공우주공학과 교수 **최기영**

머리말

하늘을 나는 작은 비행체, 드론을 본 적이 있을 거예요.
무선 조종 장난감처럼 보이기도 하지만 드론은 하늘을 나는 로봇이에요.
사람이 가지 못하는 높은 곳이나 먼 곳까지 날아가고, 장애물을 피해 스스로
경로를 찾아갈 수 있을 만큼 똑똑하지요. 이미 드론을 이용하여 방송이나 영화에
내보낼 영상을 촬영하고, 산불을 감시하며, 교통 상황도 파악하고 있답니다.
다양한 첨단 기술이 융합한 드론은 다가오는 4차 산업 혁명 시대에
우리 사회를 위해 더 많은 역할을 해낼 것으로 여겨져 주목받고 있어요.
농사일이나 빌딩 청소를 하는 드론, 대기 오염을 제거하는 드론, 물건을 배달하는
드론, 사람을 구조하는 드론 등 많은 드론이 여러 나라에서 개발되고 있지요.
이렇게 멋진 드론의 세계가 궁금한가요? 또 직접 드론을 날려 보고 싶나요?
드론에 관한 여러분의 모든 궁금증을 《우리 아이 상상력을 키워 주는 놀라운
드론백과》가 해결해 줄 거예요. 이 책에는 드론의 역사, 드론의 종류, 드론과
함께할 미래의 모습, 드론 조종법 등 드론의 모든 것이 담겨 있답니다.
자, 이제 놀라운 드론의 세계로 함께 떠나 볼까요?

지은이 **김수경**

1 궁금한 드론의 역사

드론이란 무엇이에요? · 12

왜 드론이라고 불러요? · 16

처음으로 드론을 상상한 과학자는? · 18

장난감 회사에서 드론을 만들었다고요? · 22

드론은 장난감 비행기와 어떻게 달라요? · 24

드론이 우리 생활과 가까워진 이유는? · 26

2 신기한 드론의 종류

피자 배달 드론은 얼마나 빨라요? · 30

방송국에서 일하는 촬영 드론 · 34

소방 드론은 어떻게 불을 꺼요? · 36

SOS! 생명을 구하는 구조 드론 · 40

하늘을 나는 구급차가 있어요? · 44

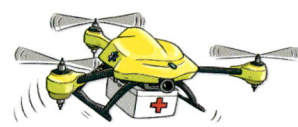

교통 드론은 무슨 일을 해요? · 46

경찰 드론은 어떻게 범인을 잡아요? · 48

전쟁에 나가는 드론도 있어요? · 52

측량사 드론은 어떻게 지도를 만들어요? · 56

지구를 관찰하는 과학자 드론 · 58

자연을 보호하는 야생 동물 보호 드론 · 60

환경 드론은 어떻게 지구 환경을 지켜요? · 62

우주 탐사 드론은 무슨 일을 해요? · 64

농사일을 도와주는 농사 드론 · 66

청소 드론은 어떻게 청소를 해요? · 68

음식을 나르는 웨이터 드론이 있어요? · 70

셀카 드론은 어떻게 사진을 찍어요? · 72

운동을 도와주는 트레이너 드론 · 74

익스트림 스포츠 드론이 뭐예요? · 76

레이싱 드론은 어떻게 경주해요? · 78

게임 드론이란 무엇이에요? · 80

축구 드론은 어떻게 경기해요? · 82

멋진 쇼를 보여 주는 엔터테이너 드론 · 84

3 재밌는 드론의 비행 원리

드론의 날개는 몇 개예요? · 88

드론은 어떻게 하늘을 날아요? · 90

비행기 모양 드론은 어떻게 날아요? · 94

어떤 드론이 더 멀리 날 수 있어요? · 96

드론은 어떻게 길을 찾아가요? · 98

드론의 눈으로 보면 어떻게 보여요? · 102

드론의 몸체는 어떻게 생겼어요? · 106

드론 무선 조종기는 어떻게 생겼어요? · 108

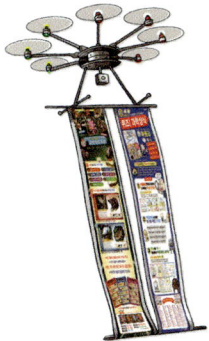

4 신나는 드론 조종법

드론을 조종할 때 무엇을 조심해야 해요? · 112

드론을 날릴 때 지켜야 할 법이 있어요? · 116

드론은 어떻게 조종해요? · 120

드론으로 멋진 풍경을 촬영하는 방법은? · 124

돌발 상황이 일어나면 어떻게 해요? · 126

5 놀라운 드론의 미래

미래에는 어떤 드론이 나올까요? · 132

드론 택시는 어떻게 하늘을 날아요? · 136

트랜스포머 드론은 무슨 일을 해요? · 138

안전한 드론 세상을 만들려면? · 140

생체 모방 드론이란 무엇이에요? · 144

드론으로 생겨나는 직업들 · 148

드론 전문가가 되려면? · 154

1 궁금한 드론의 역사

드론이란 무엇이에요?

파란 하늘 위를 윙윙 날아다니는 게 보여요.
언뜻 봤을 땐 새인 줄 알았는데 새는 아니에요.
윙윙거리는 날개가 헬리콥터 같아
보이기도 하지만 너무 작아요. 무엇일까요?

▲하늘을 날고 있는 드론

바로 드론이랍니다.
드론은 '무인 비행체'를 말해요.
하늘을 날아다니는 비행기이지만
그 안에 조종하는 사람이 타고 있지 않아요.
승객은 물론이고 조종사도 타고 있지 않답니다.

1 궁금한 드론의 역사

조종사가 없는데 어떻게 하늘을 나는 걸까요?
드론은 땅 위에 있는 사람이 멀리서 조종기로
조종을 하는 거예요. 미리 입력해 둔 프로그램에 따라
드론이 자동으로 움직이기도 해요.
드론은 아주 똑똑해서 주위 환경까지 살피며
날아다닐 수도 있지요.
드론은 하늘을 나는 로봇이에요.

사람이 타고 있지 않다고 해서 '무인 비행체'라고 하지만, 드론에 사람이 탈 수도 있어요.
현재 개발하고 있는 구급차 드론에는 환자를 태우고, 드론 택시에는 승객을 태울 거예요. 하지만 조종사는 따로 없지요. 그러니까 사람이 타지 않는다는 말은 조종사가 타지 않는다는 뜻이에요.

1 궁금한 드론의 역사

왜 드론이라고 불러요?

'드론'이란 이름은 무슨 뜻일까요?
왜 무인 비행체에 드론이란 이름이 붙었을까요?
영어로 드론(drone)은 '벌 떼가 윙윙거리는 소리'
또는 '수벌'이라는 뜻이에요.
드론이 날아다닐 때 날개 돌아가는 소리가
벌 떼가 내는 윙윙 소리와 비슷해서, 드론이라는
이름이 붙여졌다는 이야기가 있어요.

또 이런 이야기도 있어요.
1935년에 영국 해군에서 사격 훈련의 표적으로
사용하기 위해 무인 비행체를 만들었는데, 그 비행체를
'퀸비(queen bee, 여왕벌)'라고 불렀어요.
영국의 퀸비를 본 미국 해군에서도 무인 비행체를
만들었어요.
"이 무인 비행체의 이름을 무엇이라고 부를까?"
"영국에서는 퀸비(여왕벌)라고 했으니까, 우리는
드론(수벌)이라고 부르자!"
이렇게 해서 드론이라는 이름이 탄생했다는 이야기예요.

처음으로 드론을 상상한 과학자는?

▲ 니콜라 테슬라

드론처럼 무선 조종으로 하늘을 날아다니는 비행체는 누가 맨 먼저 생각해 냈을까요?
신기한 비행체를 상상해 낸 사람은 미국의 천재 과학자이자 발명가인 니콜라 테슬라였어요.
"사람이 타지 않고도 자동차나 배를 무선으로 조종할 수 있어요."
테슬라가 말했어요.

"뭐라고? 무선으로 기계를 움직인다고? 말도 안 돼!"
사람들이 자기 말을 믿지 않자, 테슬라는 직접 시범을 보이기로 마음먹었어요.

1899년, 테슬라는 먼저 '무선 조종 배'를 만들어서 사람들 앞에 선보였답니다.
"여러분! 제가 이 배를 목소리로 조종해 보겠습니다. 자, 앞으로 가라!"
작은 배가 앞으로 움직이기 시작하자 사람들은 모두 깜짝 놀랐어요.
"와아! 마법이다!"
하지만 그건 마법이 아니었어요. 사실은 목소리로 조종한 것도 아니랍니다. 테슬라는 전파를 이용해서 배를 무선으로 조종해 보인 거예요.

▲테슬라의 무선 조종 배

1 궁금한 드론의 역사

테슬라의 무선 조종 연구를 바탕으로, 1918년 미국에서 '케터링 버그'라는 무인 비행기를 처음으로 만들었어요. 몸체가 나무로 만들어진 일회용 비행기였지요. 케터링 버그는 딱 한 번만 사용할 수 있는 무인 비행기였기 때문에 조종석이 아예 없었어요.

한 번만 쓸 수 있는 일회용 무인 비행기를 왜 만들었을까요? 그때는 바로 제1차 세계 대전 때였어요. 케터링 버그는 적들이 있는 곳에 폭탄을 싣고 날아가 비행기째로 터지도록 만들어진 것이었어요. 그러니 일회용일 수밖에 없었지요. 조종사가 목숨을 잃을 수 있는 위험한 일이었기 때문에 사람이 타지 않는 비행기를 만들어서 임무를 수행하게 한 거예요.

▲ 케터링 버그

1 궁금한 드론의 역사

장난감 회사에서 드론을 만들었다고요?

2010년, 미국 라스베이거스 국제전자제품박람회에 작은 드론이 등장했어요. 장난감 회사인 패럿에서 만든 이 드론은 4개의 회전 날개(프로펠러)가 달려 있고 크기는 57센티미터였어요.
"작고 가벼우며 누구나 조종할 수 있는 드론을 소개합니다!"
패럿 회사 직원의 짧은 설명과 함께 드론이 공중으로 윙윙 날아올랐어요.

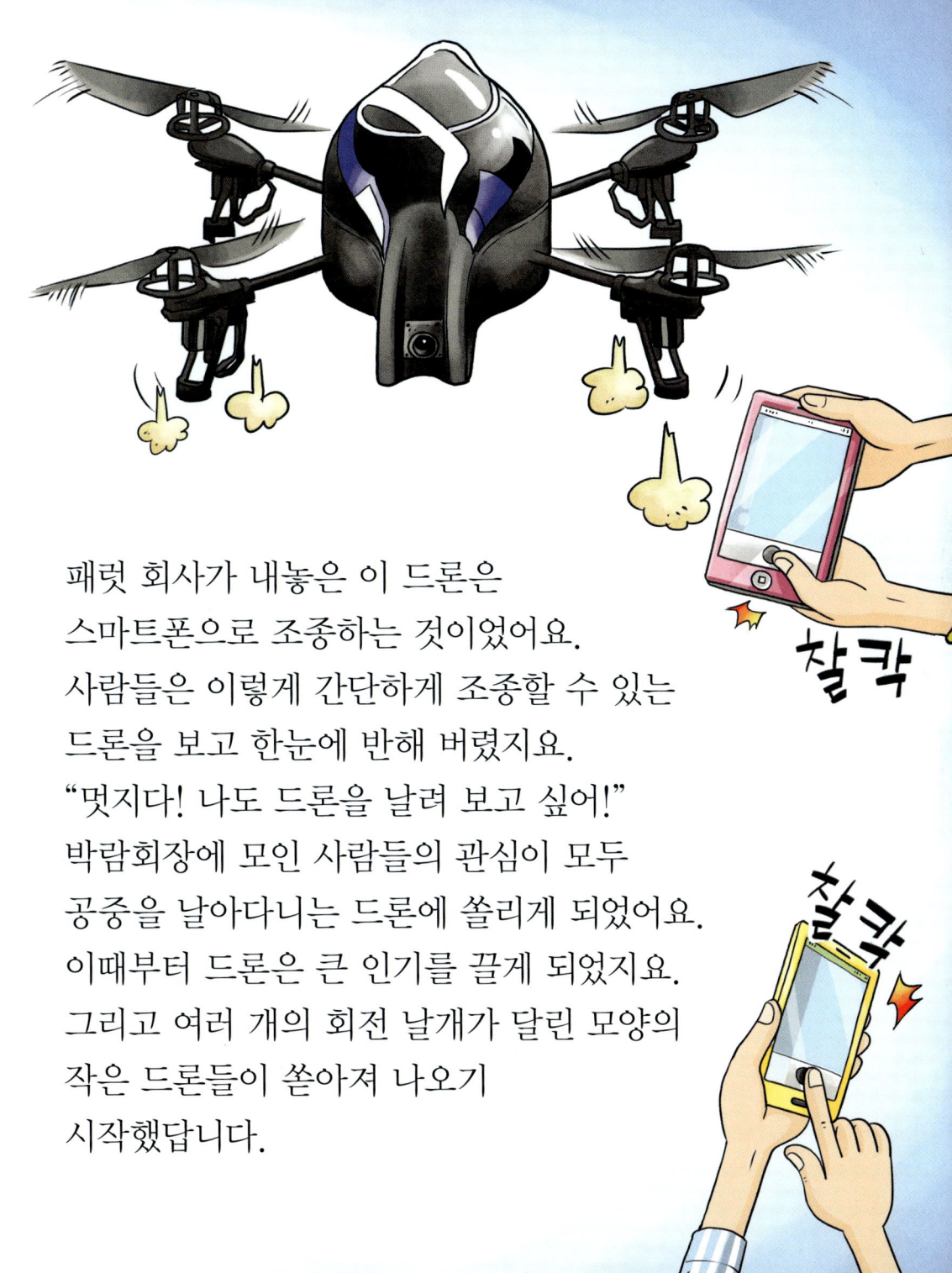

패럿 회사가 내놓은 이 드론은
스마트폰으로 조종하는 것이었어요.
사람들은 이렇게 간단하게 조종할 수 있는
드론을 보고 한눈에 반해 버렸지요.
"멋지다! 나도 드론을 날려 보고 싶어!"
박람회장에 모인 사람들의 관심이 모두
공중을 날아다니는 드론에 쏠리게 되었어요.
이때부터 드론은 큰 인기를 끌게 되었지요.
그리고 여러 개의 회전 날개가 달린 모양의
작은 드론들이 쏟아져 나오기
시작했답니다.

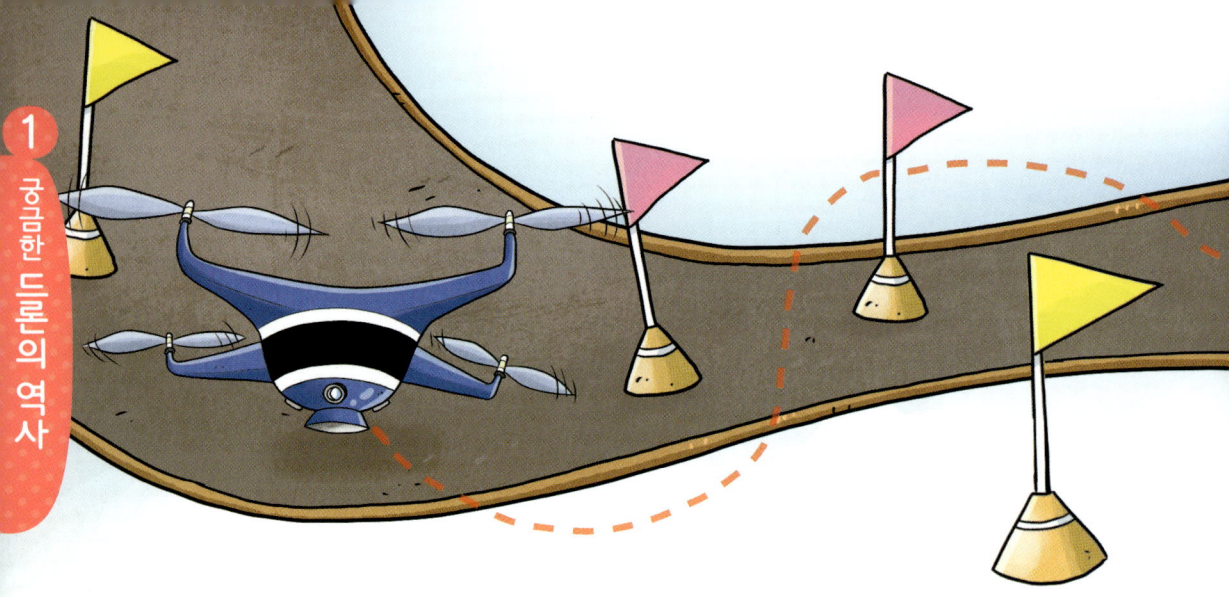

드론은 장난감 비행기와 어떻게 달라요?

주변에서 흔히 볼 수 있는 작은 드론은 꼭 장난감 같아 보이기도 해요. 장난감 자동차나 비행기 중에도 무선으로 조종하는 것들이 있으니까요.
하지만 드론은 이런 장난감들과는 조금 달라요.
무선 조종 장난감은 사람이 조종하는 대로만 움직이지만 드론은 목적지만 입력해 놓으면 스스로 길을 찾아갈 수 있어요. 주변을 살피며 장애물을 피할 수도 있지요.
드론은 크기와 성능, 목적에 따라 그 종류도 매우 다양하답니다.

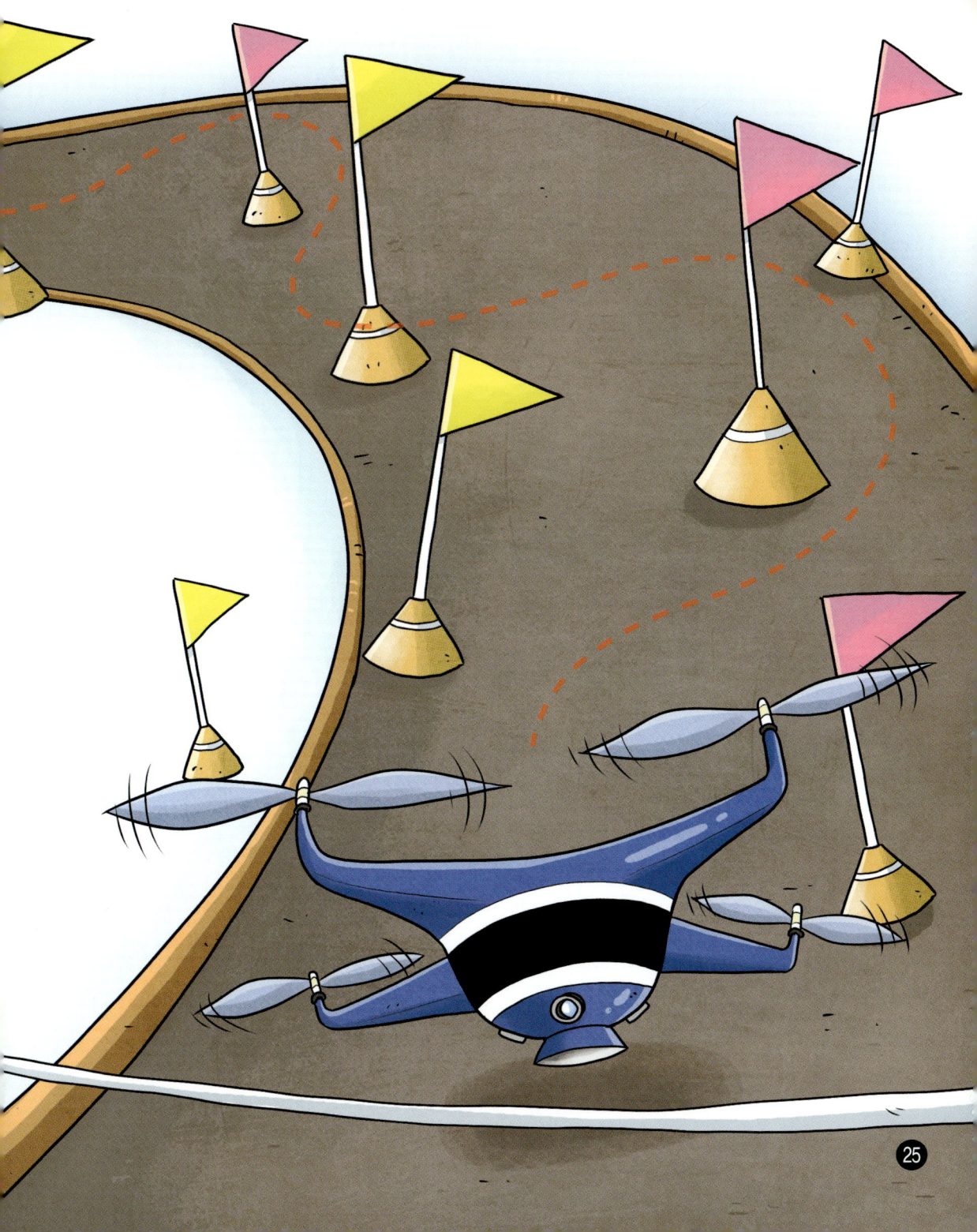

1 궁금한 드론의 역사

드론이 우리 생활과 가까워진 이유는?

처음에는 전쟁터에서 폭탄을 나르는 데 쓰였던 드론이 지금은 우리 생활 곳곳에서 사용되고 있어요. 산불이 나면 드론이 날아올라 불을 꺼요. 지진이 난 곳에도 드론이 출동해 사람들을 구조하지요. 방송국에서는 드론으로 촬영한 멋진 풍경을 텔레비전으로 내보내요. 이처럼 드론은 겨우 몇 년 사이에 크게 발전되어 지금은 우리 생활 속에서 다양한 목적을 위해 사용되고 있답니다.

그것은 바로 컴퓨터와 스마트폰 기술이 발달한 덕분이에요. 드론에 들어가는 여러 가지 기계 장치의 값이 저렴해지고 크기가 작아지면서, 드론도 작고 간단해졌어요. 자연스럽게 드론을 접할 기회도 많아졌지요. 드론 조종도 스마트폰으로 쉽게 할 수 있게 되었어요. 앞으로는 드론이 더욱더 우리 생활과 가까워질 거예요.

살려 주세요~!

2 신기한 드론의 종류

피자 배달 드론은 얼마나 빨라요?

딩동~.
"피자 배달 왔습니다!"
맛있는 피자를 주문해 놓고 기다리던 이 소리가
앞으로는 이렇게 바뀔지도 몰라요.
윙윙~.
"피자 배달 드론입니다!"
2013년 6월 영국, 도미노피자 회사가 '도미콥터'라는 이름의 드론으로 피자를 배달하는 데 성공했어요. 도미콥터는 피자 2판을 싣고 가게에서 약 6.5킬로미터 떨어진 집의 안마당까지 10분 만에 도착했답니다.

2 신기한 드론의 종류

도미콥터처럼 드론을 상품 배달에 이용하려는 회사들이 늘고 있어요. 드론이 어떤 교통수단보다 빠르기 때문이지요. 하지만 아직은 드론으로 모든 물건을 자유롭게 배달할 수 있는 건 아니에요. 드론은 하늘을 나는 물체이기 때문에 그에 대한 나라의 허락을 받아야 해요. 하늘을 날아가다가 비행기와 부딪히기라도 하면 큰일이니까요.

세계 각국의 드론 배달 서비스

미국
미국 최대의 인터넷 서점 아마존은 2013년 12월, 드론으로 물건을 배달하는 프라임 에어 서비스를 처음으로 시작했어요.

독일
국제 항공 택배 회사 DHL은 2014년 9월, 파셀콥터라는 이름의 드론으로 배달 서비스를 시작했어요.

지금까지는 주로 의약품처럼 꼭 필요한 물건만 드론으로 배달하도록 허락하고 있어요. 그러나 머지않아 우리는 드론이 더 다양한 물건을 배달하는 모습을 볼 수 있을 거예요. 여러 나라에서 점점 더 많은 품목에 드론 배달 허가를 내주고 있기 때문이에요.

중국
인터넷 쇼핑 회사 알리바바도 2015년 2월부터 드론 배달 서비스를 하고 있어요.

스위스
우편 회사인 스위스포스트는 2020년부터 드론을 이용한 상품 배달을 시작해요.

2 신기한 드론의 종류

방송국에서 일하는 촬영 드론

텔레비전을 보다 보면 멋진 풍경이 나올 때가 있어요.
깎아지른 듯한 절벽이나 깊고 깊은 얼음 동굴 같은
장면을 볼 때면 정말 신기하지요.
"세상에! 저런 곳을 어떻게 찍은 거지?"
비밀은 바로 드론이랍니다.
작고 날렵한 드론은 사람이 가기 힘든 곳도
어디든 찾아갈 수 있으니까요.
방송이나 영화에서는 벌써부터 드론을 널리
이용하고 있어요. 여행이나 자연 다큐멘터리에서
멋진 풍경을 보여 주는 것 외에도, 드론으로
재난이 일어난 곳의 영상을 찍어 보여
주기도 해요. 교통 상황을 중계해 주기도
하지요. 또 스포츠 중계에서는 경기를
가까이서 촬영해 현장의 생생함을
더욱 느끼게 해 준답니다.

▲ 드론으로 내려다본 풍경

2 소방 드론은 어떻게 불을 꺼요?

신기한 드론의 종류

큰 숲을 순식간에 태워 버리는 산불은 정말 무서워요. 그런데 만약 산이 깊고 너무 험해서 소방차가 들어갈 수 없다면 어떻게 불을 꺼야 할까요?
이런 곳에 불이 나면 비행기가 날아가 불을 꺼요.
하지만 산불에서 올라오는 연기 때문에 비행기 조종사가 위험할 수 있어요. 그리고 산불이 밤에 나면 너무 캄캄해 비행기가 뜨기도 어렵지요.
이제는 이런 산불을 드론이 끌 수 있어요.
소방 드론에는 열을 감지하는 장치가 달려 있어 불이 난 곳을 빨리 찾을 수 있고, 조종사가 타고 있지 않기 때문에 또 다른 사고가 일어날 위험이 없지요.
몇 년 전, 부산 해운대에 산불이 났을 때 드론이 소방대보다도 먼저 불이 난 곳을 발견했어요. 또 강원도에서 산불이 났을 때도 드론이 날아올라 남아 있는 잔불을 찾아냈답니다.

활활

2 신기한 드론의 종류

드론은 산불 예방에도 큰 역할을 해요.
건조한 계절이 되면 드론이 산 위를 날아다니며
불이 난 곳이 없는지 감시하지요. 드론이 촬영한 영상은
소방대에 실시간으로 전송되어서 곧바로
확인할 수 있어요.
"산등성이에 작은 불씨가 있잖아? 어서 가서
꺼야겠는데?"

산속을 조사하던 소방대원이 드론이 보낸 영상을 스마트폰으로 확인하고 재빨리 달려갈 수도 있답니다. 현재 우리나라에는 200기 정도의 소방 드론이 활동하고 있어요. 부산에서는 2014년부터 산림 보호 활동에 드론을 이용하고 있지요. 드론은 산불 감시뿐 아니라, 숲에 발생하는 병충해(병균이나 벌레에 의해 받는 피해)를 살피는 역할도 해요. 병충해가 일어난 곳에는 드론이 날아올라 약을 뿌리지요.

2 신기한 드론의 종류

SOS! 생명을 구하는 구조 드론

"살려 주세요! 도와주세요!"
지진과 같은 큰 재난이 일어난 곳에 드론이 출동해요.
구조대원이 접근하기 어려운 곳도 드론은 문제없이
갈 수 있지요.
2015년 4월, 네팔에서 큰 지진이 일어났을 때도
드론이 날아올랐어요. 드론은 무너진 건물 사이와
갈라진 땅 위를 날며 부상자들을 찾아다녔지요.
　드론 덕분에 외딴 곳에 고립된 사람들을 찾아내 구조할
수 있었고, 또 자동차가 닿지 못하는 곳에 있는
사람들에게 식량과 의약품 등 구호물자도
전달할 수 있었답니다.

쩌적 억

구조 드론!
도와줘~!

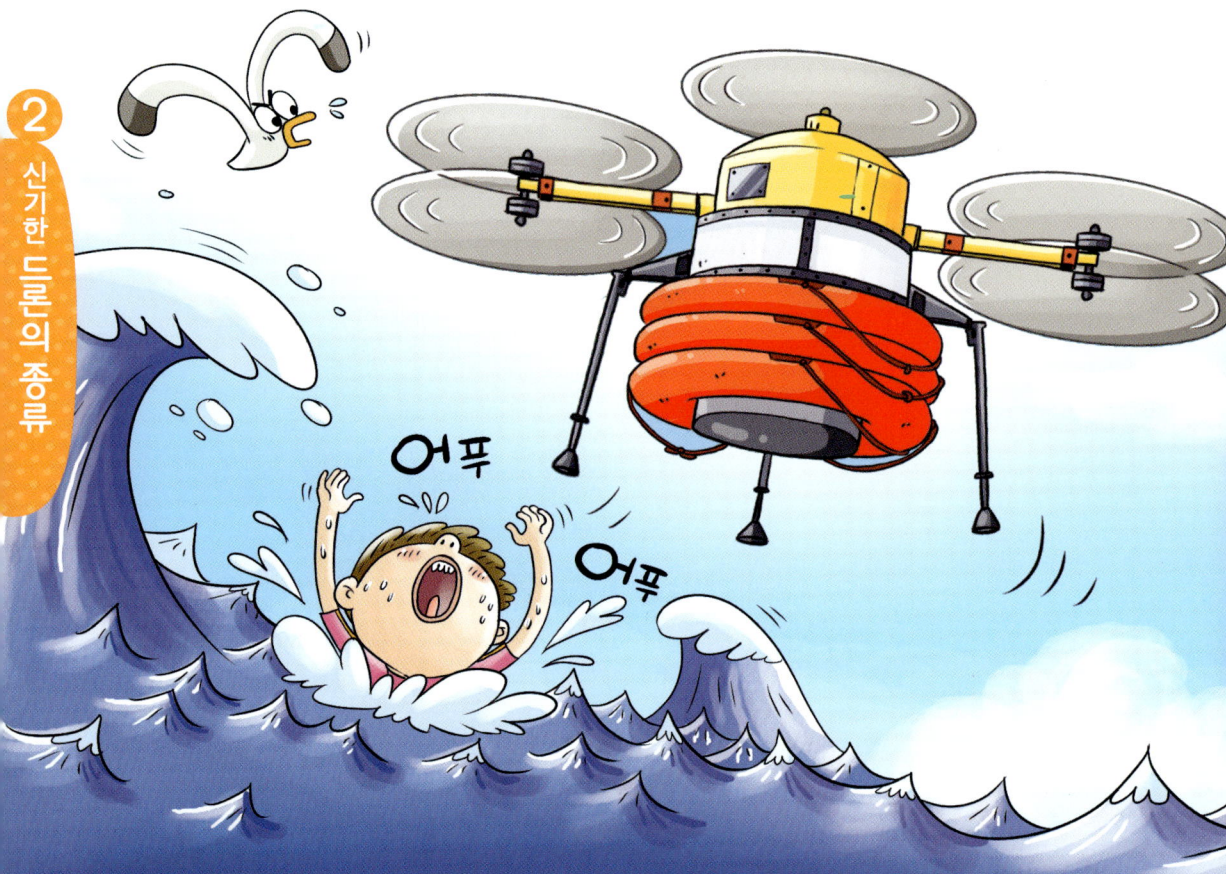

여름철이면 구조 드론이 강이나 계곡, 바다 위에서 사람들을 지켜봐요. 계곡물이 갑자기 불어나면 물에 빠지는 사람들이 생길 수 있어요. 바다에서 놀다가 큰 파도에 휩쓸리는 사람들도 있지요. 그럴 때면 해양 구조 드론이 재빨리 날아가 구명튜브를 내려 줘요. 구조대원이 헤엄쳐 가는 것보다 훨씬 빠르게 위험에 빠진 사람에게 다가갈 수 있답니다.

또한 드론은 사고가 난 곳의 정확한 위치를 구조대에 알리고, 위험한 곳에 모르고 다가가는 사람들을 미리 살피기도 해요.
폭탄이 터진 위험한 테러 현장이나 큰 교통사고가 일어난 곳처럼 위험에 빠진 사람을 구해야 하는 곳에는 언제나 드론이 제일 먼저 날아간답니다.

▲ 해양 구조 드론

2 신기한 드론의 종류

하늘을 나는 구급차가 있어요?

애애애앵~.
구급차가 지나가며 길을 비켜 달라고 요란한 소리를 내요. 그런데 길이 꽉 막혀 있어 차들이 빨리 비켜 주지 못해요.
"어떡하지? 환자를 빨리 병원에 데려가야 하는데…….."
이럴 때 만약 구급차가 드론이라면 걱정 없겠지요?
하늘로 슝 날아올라 가면 되니까요.

위급한 환자가 있는 곳에 구급 드론이 날아가요.
구급약품과 응급 상황에 필요한 의료 기기를 싣고
가지요. 의사가 직접 가지 않아도 드론에 달려 있는
카메라로 환자를 보면서 현장에 있는 사람에게
응급 처치 지시를 내릴 수 있어요. 이렇게 약품과
기기를 싣고 가는 정도는 작은 드론으로도
충분히 할 수 있어요. 하지만 환자를 드론에 싣고
병원에 데려가려면 드론이 제법 커야 해요.
현재 이런 구급차 드론도 개발 중에 있답니다.

2 신기한 드론의 종류

교통 드론은 무슨 일을 해요?

하늘을 날며 땅 위의 모습을 내려다보는 드론은 교통 상황을 살피는 데에도 아주 중요한 역할을 해요.

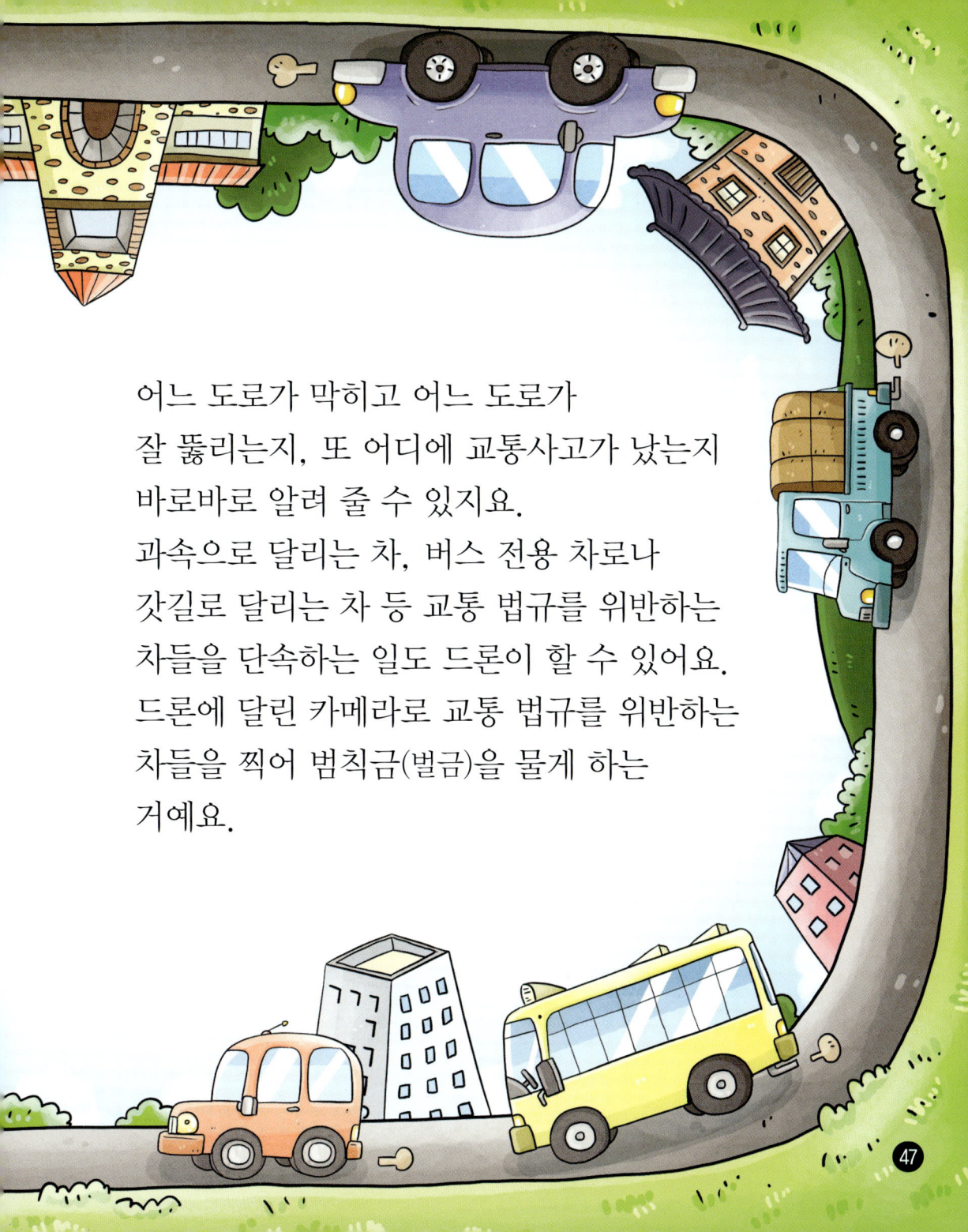

어느 도로가 막히고 어느 도로가
잘 뚫리는지, 또 어디에 교통사고가 났는지
바로바로 알려 줄 수 있지요.
과속으로 달리는 차, 버스 전용 차로나
갓길로 달리는 차 등 교통 법규를 위반하는
차들을 단속하는 일도 드론이 할 수 있어요.
드론에 달린 카메라로 교통 법규를 위반하는
차들을 찍어 범칙금(벌금)을 물게 하는
거예요.

2 신기한 드론의 종류

경찰 드론은 어떻게 범인을 잡아요?

경찰이 하는 일들도 드론이 도와줄 수 있어요.
도둑이나 강도 같은 범죄자가 나쁜 짓을 하고 도망치면
경찰은 골목골목 있는 힘을 다해 쫓아가요.
"거기 서! 경찰이다!"
하지만 범죄자는 경찰을 보고 더 빨리 도망가죠.

이때 경찰 드론을 날려 범죄자를 쫓아가게 해요. 아무리 좁은 골목도, 높은 담장이나 건물이 가로막고 있어도, 드론은 요리조리 날아 범죄자를 뒤쫓을 수 있지요.

앞으로는 어린이를 대상으로 한 범죄도 드론이 막을 수 있을 거예요. 어린이에게 나쁜 짓을 했던 범죄자의 정보를 드론에 입력해, 드론이 범죄자를 따라다니게 하는 거예요. 따라다니다가 만약 그 사람이 다시 범죄를 저지르려고 하면 곧바로 드론이 다가가 막아 내지요. 전자 충격기로 범죄자를 기절시키고 경찰에 알릴 수도 있어요.

2 신기한 드론의 종류

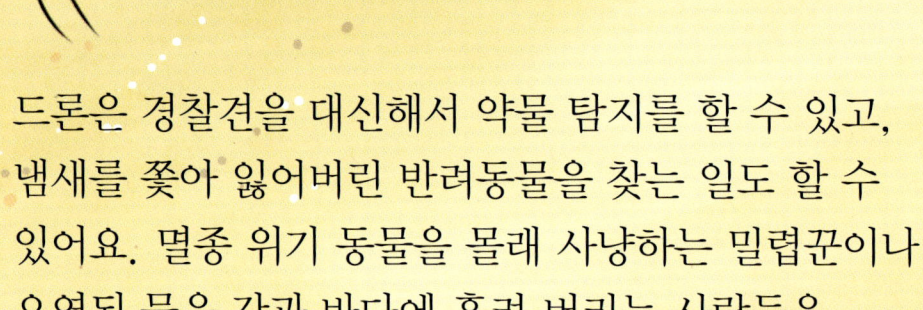

드론은 경찰견을 대신해서 약물 탐지를 할 수 있고, 냄새를 쫓아 잃어버린 반려동물을 찾는 일도 할 수 있어요. 멸종 위기 동물을 몰래 사냥하는 밀렵꾼이나 오염된 물을 강과 바다에 흘려 버리는 사람들을 감시하고 잡아내는 일도 하고 있답니다.

또 남의 집에 몰래 들어가는 침입자를 감시하고 추적하는 일도 해요. 일본의 경비 회사 세콤에서는 이미 드론을 사용하고 있지요.

집이나 회사, 학교에 침입자가 들어오면 비상경보가 울리고 곧바로 드론이 출동해요. 보안 카메라가 없는 곳으로 도망치는 도둑도 드론이 끝까지 쫓아가 잡을 수 있답니다.

2 신기한 드론의 종류

전쟁에 나가는 드론도 있어요?

드론이 처음 쓰인 곳은 군대였어요. 초창기의 드론은 군사적 목적으로 개발되었지요. 1990년대에 미국에서 만든 '프레데터'는 대표적인 무인 전투기예요. 처음에는 전쟁터를 돌아보며 적을 살피는 정찰 임무만 했는데, 나중에는 테러리스트들을 상대하면서 폭탄을 싣고 가서 터뜨리는 일까지 맡았어요. 드론이 큰 활약을 하자 테러리스트들은 윙윙거리는 드론의 소리만 들려도 벌벌 떨었다고 해요.

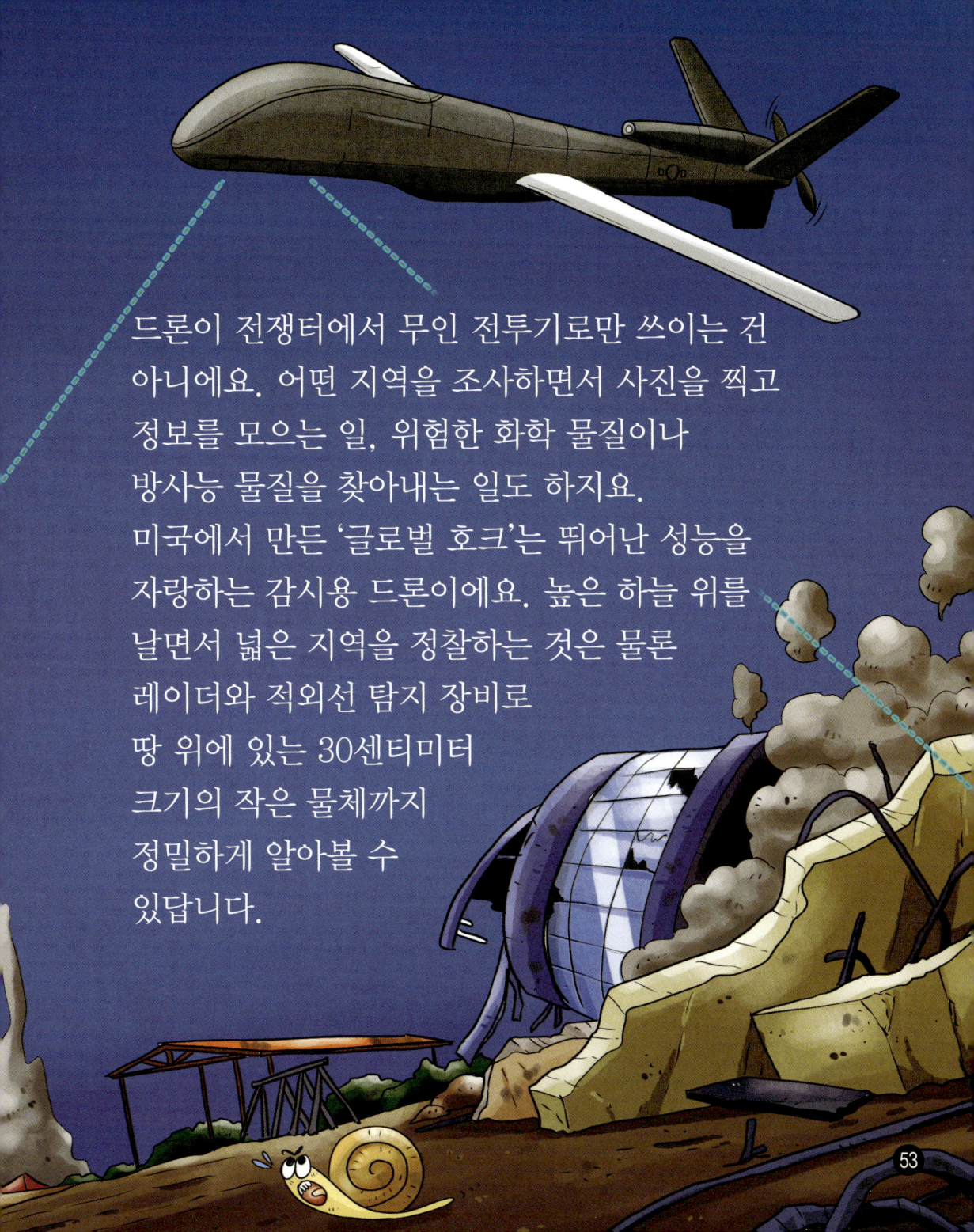

드론이 전쟁터에서 무인 전투기로만 쓰이는 건 아니에요. 어떤 지역을 조사하면서 사진을 찍고 정보를 모으는 일, 위험한 화학 물질이나 방사능 물질을 찾아내는 일도 하지요.
미국에서 만든 '글로벌 호크'는 뛰어난 성능을 자랑하는 감시용 드론이에요. 높은 하늘 위를 날면서 넓은 지역을 정찰하는 것은 물론 레이더와 적외선 탐지 장비로 땅 위에 있는 30센티미터 크기의 작은 물체까지 정밀하게 알아볼 수 있답니다.

2 신기한 드론의 종류

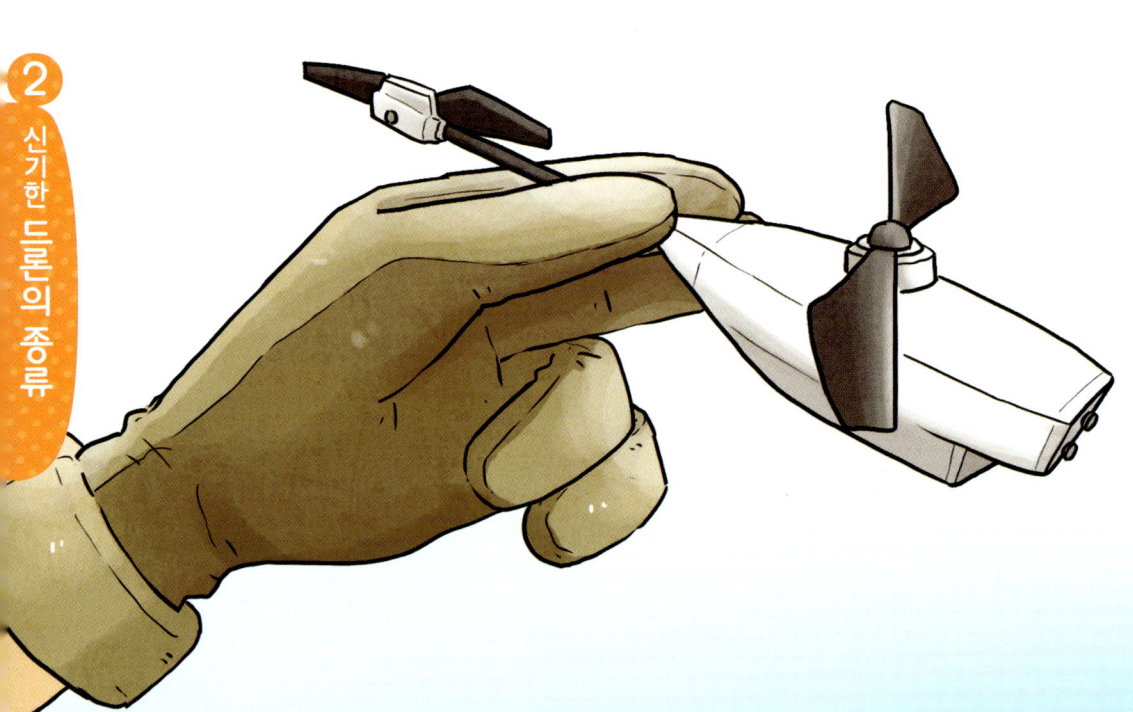

노르웨이에서는 '블랙 호넷'이라는 아주 작은 군사용 드론을 만들었어요. 블랙 호넷은 몸길이 10센티미터로 손바닥 안에 들어갈 만큼 작은 드론이에요. 군인들이 주머니에 넣고 다니다가 필요할 때면 언제든 꺼내서 날릴 수 있지요. 자동 조종 기능도 있어서 드론을 조종해 본 경험이 없는 사람도 쉽게 날릴 수 있어요. 작은 새처럼 수풀과 바위 사이를 요리조리 날아다니며 적을 살핀답니다.

작은 크기에도 불구하고 블랙 호넷에는 카메라가 3대나 달려 있어요. 이 카메라로 정찰한 내용을 빠짐없이 찍어서 기지로 보내지요.

지금은 많은 나라에서 이런 군사용 드론을 활용하고 있어요. 위험한 상황이 많은 전쟁터에서는 사람 대신 로봇이나 드론이 해 주면 좋은 일들이 많지요. 그래서 드론이 전쟁터에서 큰 활약을 하고 있는 거예요.

2 측량사 드론은 어떻게 지도를 만들어요?

신기한 드론의 종류

높은 산이나 사막 같은 곳의 지도를 만드는 일에도 드론이 활약하고 있어요.
2013년 10월, 스위스에서 '이비' 드론 3대가 알프스산맥을 향해 날아올랐어요. 그리고 마테호른봉(산봉우리) 위를 총 5시간 40분 동안 날아다니며 2,188장의 사진을 찍었답니다. 이 사진을 바탕으로 컴퓨터 작업을 통해 입체적인 3D 지도를 만들었고 알프스산맥의 실감 나는 모습도 얻을 수 있었어요.

*측량: 어떤 부분의 위치, 형상, 면적을 측정하여 그림이나 도표로 그리는 기술

우리나라의 여러 회사에서도 지도 제작을 위한 '*측량사 드론'을 만들었어요. 그중 'KD-2'는 평지는 물론 바람이 센 바닷가 같은 험난한 지형에서도 안전하게 날아다니며 사진과 동영상을 촬영할 수 있어요. 이렇게 드론을 이용하면 거센 파도로 바닷가 절벽이 깎여 나간 곳은 없는지, 홍수나 지진으로 땅의 모양이 바뀐 곳은 없는지 금세 알아낼 수 있지요.

▲ 지도 제작용 드론 KD-2
제공: (주)케바드론

2 신기한 드론의 종류

지구를 관찰하는 과학자 드론

윙윙~ 곤충 소리 같은 작은 소리를 내며 어디든
날아다닐 수 있는 드론은 과학자들의 일도 도와줘요.
생물학자들은 동물이나 식물을 관찰하기 위해서
험한 자연환경에서 오랜 시간을 보내야 해요.
무서운 늑대나 사자가 살아가는 모습을 알아내려면
위험을 무릅쓰고 다가가 오래도록 숨어서
그들을 관찰해야만 하지요.

그런데 이제 사람 대신 드론이 동물들을 따라다니며 관찰해요. 과학자들은 연구실에 앉아서 편안하게 드론이 보내 주는 영상을 보며 연구를 하면 되지요. 드론에 적외선 센서(감지기), 열 감지 센서 등 여러 가지 장치를 연결하면 더 어려운 관찰도 척척 해낼 수 있어요. 땅속 깊숙한 곳에서 벌어지는 지구의 활동이나 화산 관찰, 바다 한가운데서 일어나는 바닷물의 흐름 변화도 살필 수 있지요. 바닷가 해안선의 모양을 관찰해 지구 온난화의 영향을 연구하는 데 도움을 주거나, 공룡 화석을 찾는 일 등도 드론이 하고 있답니다.

자연을 보호하는 야생 동물 보호 드론

야생 동물을 살피고 보호하는 일도 드론이 하고 있어요. 드론은 야생 동물의 서식지로 들어가 동물들을 놀라게 하거나 자연을 망가뜨리지 않고도 자세히 관찰할 수 있지요. 또 사람보다 오랜 시간 관찰할 수 있다는 장점도 있답니다.

미국야생동물보호국은 드론을 이용해 하와이에서 몽크바다표범, 바다거북, 향유고래 무리의 활동 등을 조사하고 있어요. 그 밖에도 여러 바다 생물을 관찰하지요.
야생 동물 보호 드론의 목적은 동물들이 살아가는 환경과 그들의 생태를 조사해, 더 잘 보호할 수 있는 방법을 찾으려는 것이에요.
동물들 곁에서 조용히 그들을 지켜보고 있는 드론, 마치 동물들의 수호천사 같지 않나요?

2 신기한 드론의 종류

환경 드론은 어떻게 지구 환경을 지켜요?

지구 환경을 지키는 일에도 드론이 앞장서요. 미국의 한 석유 회사는 '스캔이글'이라는 드론을 이용해서 알래스카 유전(석유가 나는 곳) 지역의 빙하의 흐름과 고래의 이동을 관찰해요. 유전 개발에 따른 환경 변화를 관찰하기 위해서예요. 또 '퓨마'라는 드론은 북극 바다에서 기름 유출을 감시해, 바다가 오염되지 않게 지키는 일을 하지요. 그 밖에도 홍수나 쓰나미, 허리케인, 지진과 같은 기상 현상을 살피고 전염병을 퍼뜨리는 조류나 곤충을 찾는 일을 하는 드론도 있어요.

미세먼지 문제가 심각한 중국에서는 드론을 이용한 대기 오염 해결 방법을 찾고 있어요. 드론이 날아다니면서 공중에 화학 물질을 뿌려 미세먼지를 없애거나 인공 비를 내리는 거예요. 또 공기 정화 필터를 장착한 드론 수백 대가 날아올라 먼지를 걸러, 공기를 깨끗이 하는 방법도 연구하고 있답니다.

2 신기한 드론의 종류

우주 탐사 드론은 무슨 일을 해요?

우주로 날아가 탐험하는 드론도 만들고 있어요. 지금까지 개발된 화성 탐사 로봇은 자동차처럼 화성 표면을 돌아다니며 탐사했지만 개발 중인 탐사 드론은 화성 하늘을 날아다니며 더 넓은 지역을 한번에 촬영해 보여 줄 수 있지요.
탐사 로봇이 가기 힘든 용암 동굴이나 깊은 협곡도 드론이 살펴볼 수 있어요. 그렇게 화성을 돌아보면서 생물의 흔적을 찾는 거예요.

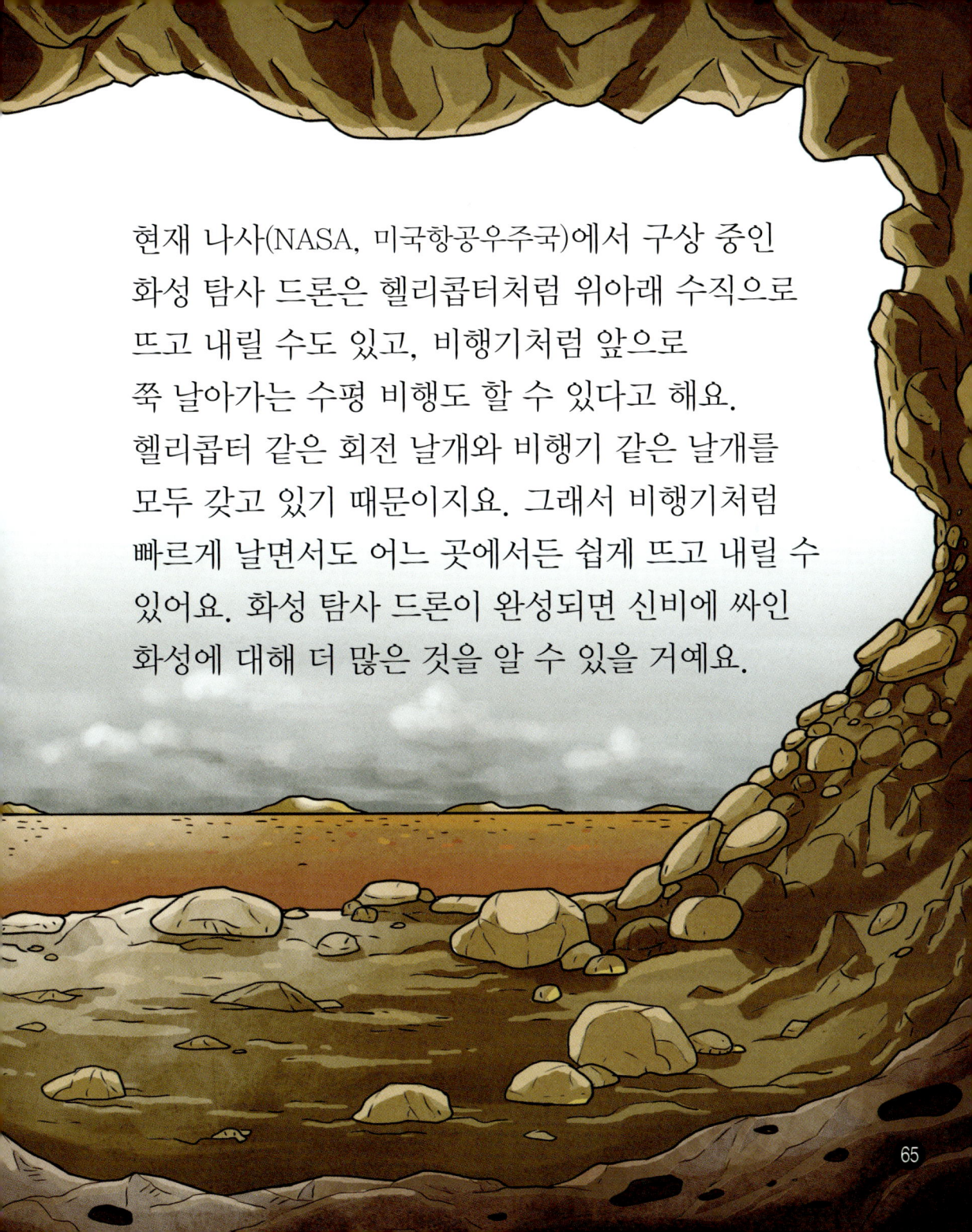

현재 나사(NASA, 미국항공우주국)에서 구상 중인 화성 탐사 드론은 헬리콥터처럼 위아래 수직으로 뜨고 내릴 수도 있고, 비행기처럼 앞으로 쭉 날아가는 수평 비행도 할 수 있다고 해요. 헬리콥터 같은 회전 날개와 비행기 같은 날개를 모두 갖고 있기 때문이지요. 그래서 비행기처럼 빠르게 날면서도 어느 곳에서든 쉽게 뜨고 내릴 수 있어요. 화성 탐사 드론이 완성되면 신비에 싸인 화성에 대해 더 많은 것을 알 수 있을 거예요.

2 신기한 드론의 종류

농사일을 도와주는 농사 드론

넓은 밭에 농약을 뿌리는 일은 무척 힘든 일이에요. 게다가 농약이 몸에 안 좋기 때문에 사람들은 농약 뿌리는 일을 피하고 싶어 하지요. 그런데 이제는 하늘을 나는 드론이 사람을 대신해서 농약을 뿌려 줘요. 그뿐만 아니라 드론은 밭을 돌아다니며 벌레가 파먹은 데는 없는지 살피고 해충의 피해를 입은 농작물이 얼마나 되는지 파악해서 그 정보를 컴퓨터에 저장해 주기도 하지요. 이렇게 정보가 쌓이면 나중에 농작물의 값을 정하는 데 도움이 된답니다.

▲ 농업용 드론 PAD-XE16A
제공: (주)메타파스

또 드론은 논과 밭에 햇볕이 얼마나 드는지, 하늘에서 내린 비로 무너진 곳은 없는지도 살펴요. 우리나라에서도 이미 농사일에 드론을 적극 활용하고 있어요. 앞으로 드론이 더 많은 일을 도와줄 거예요. 농사일을 돕는 농사 드론, 모든 농부들이 하나씩 갖고 싶어 하겠죠?

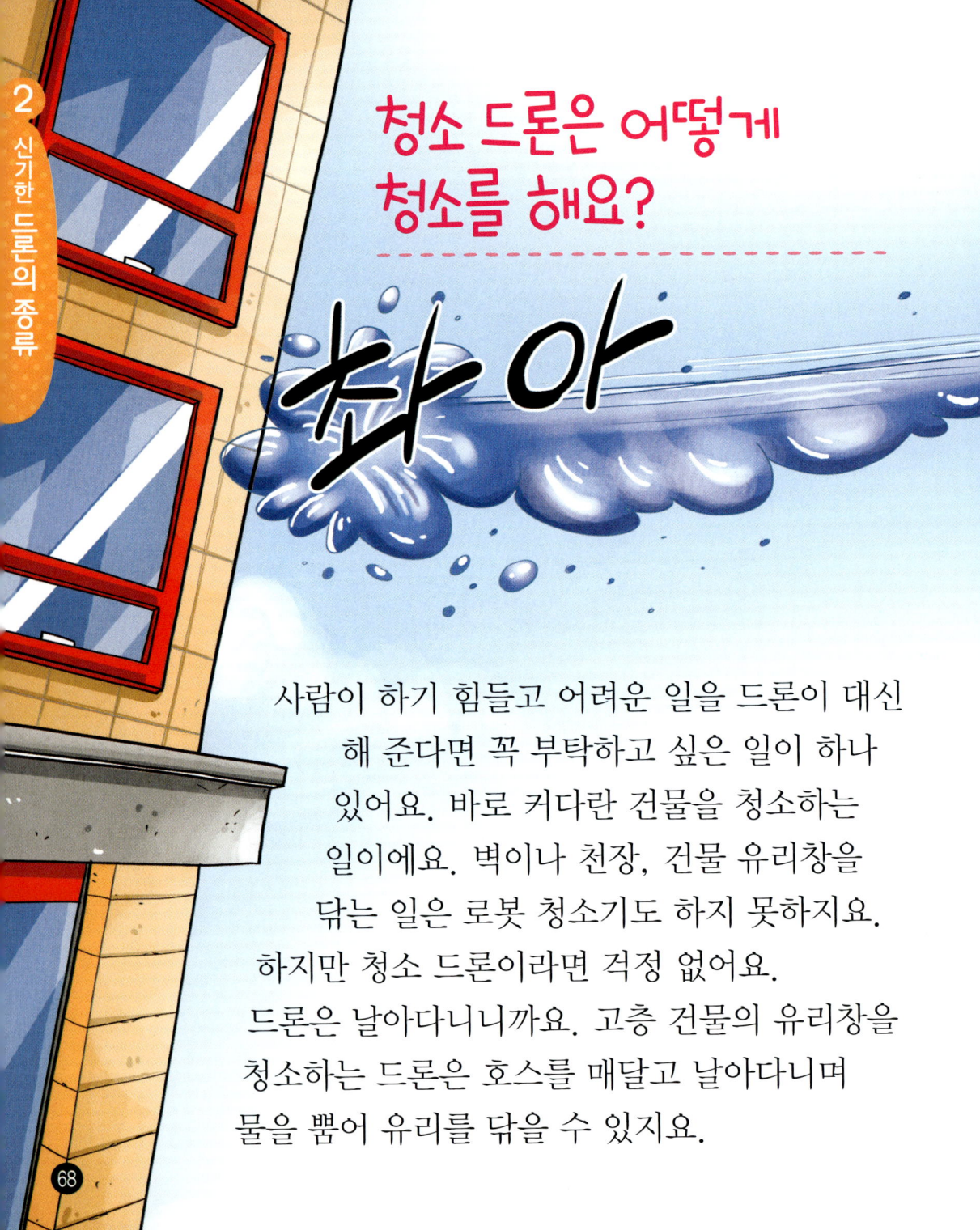

2 신기한 드론의 종류

청소 드론은 어떻게 청소를 해요?

사람이 하기 힘들고 어려운 일을 드론이 대신해 준다면 꼭 부탁하고 싶은 일이 하나 있어요. 바로 커다란 건물을 청소하는 일이에요. 벽이나 천장, 건물 유리창을 닦는 일은 로봇 청소기도 하지 못하지요. 하지만 청소 드론이라면 걱정 없어요. 드론은 날아다니니까요. 고층 건물의 유리창을 청소하는 드론은 호스를 매달고 날아다니며 물을 뿜어 유리를 닦을 수 있지요.

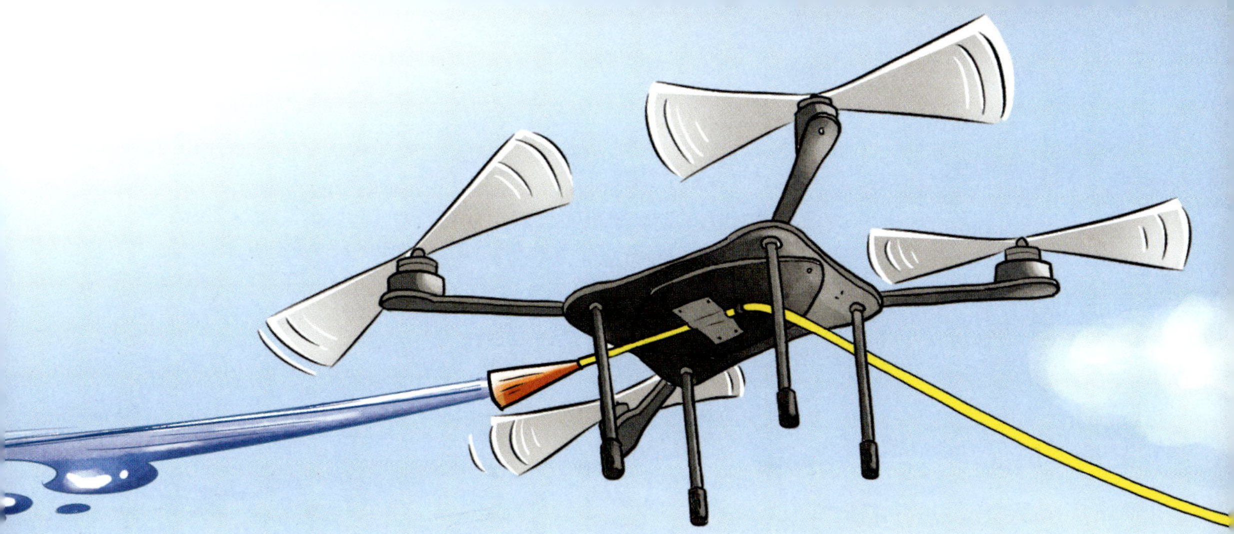

귀찮은 집 안 청소를 대신해 줄 드론도 있을까요?
프랑스의 회사 패럿에서 만든 '롤링 스파이더'는
드론이지만 바퀴가 달려 있어서 바닥과 벽을 굴러다닐
수 있어요. 롤링 스파이더에 청소용 솔을 달면
싹싹 깨끗이 청소해 줄 것 같아요.
미래에는 더 다양한 청소 드론이 우리 생활에
사용될 거예요.

2 신기한 드론의 종류

음식을 나르는 웨이터 드론이 있어요?

싱가포르의 한 레스토랑에서는 웨이터 드론이 손님에게 음식을 날라 준답니다.
"주문하신 햄버거와 콜라 나왔습니다."
아직은 이렇게 말을 할 수는 없지만, 사뿐히 날아와서 테이블에 음식을 가져다 주는 일을 해요. 드론이 음식을 날라 주다니 정말 신기하지요?

　　웨이터 드론은 식사와 음료를 500그램까지 싣고 날아다닐 수 있는데, 아주 조심히 날기 때문에 음료를 한 방울도 흘리지 않아요.
드론이 레스토랑 안을 날아다니다가 사람하고 부딪히지는 않을까 걱정되나요? 적외선 탐지기를 이용해 장애물을 잘 피해 다닐 수 있기 때문에 걱정하지 않아도 된답니다. 또 미리 입력해 둔 길로만 날아다니기 때문에 안전하다고 해요.

셀카 드론은 어떻게 사진을 찍어요?

혼자서 사진을 찍을 때 셀카봉을 사용해 봤을 거예요. 앞으로는 셀카 드론이 그 역할을 대신할 것 같아요. 2014년, 웨어러블 기기(몸에 착용할 수 있는 형태로 된 컴퓨터) 경연 대회에서 선보인 드론 '닉시'는 손목에 차고 다니는 아주 작은 드론이에요. 시계처럼 손목에 차고 다니다가 사진이나 동영상을 찍고 싶을 때 닉시를 휙 날려 보내면 돼요.

닉시는 공중을 날면서 촬영을 한 다음 부메랑처럼 손목으로 되돌아와요. 조종기도 따로 필요 없이 아주 간단하게 조종할 수 있어요.
또 팔로우 미(follow me) 모드를 사용하면 일정한 거리를 두고 따라다니며 사진과 동영상을 찍어 주기도 해요. 찍은 사진과 동영상은 곧바로 스마트폰에서 확인할 수 있답니다.

팔로우 미~

2 신기한 드론의 종류

운동을 도와주는 트레이너 드론

오스트레일리아에 있는 RMIT대학에서 '조고봇'이라는 이름의 트레이너 드론을 개발했어요. 달리기를 하는 사람 앞에서 날아다니며 훈련을 도와주는 드론이지요. 만약 운동하는 사람이 주황색과 파란색 무늬가 있는 티셔츠를 입고 달리면 조고봇에 들어 있는 카메라가 그 무늬를 알아보고 따라다니는 거예요.

스마트폰 앱으로 사람과 조고봇의 거리 등을 설정할 수 있다.

조고봇은 달리기를 하는 사람이 어떤 속도로 얼마나 뛰었는지 모두 계산해 줘요.
그리고 심장 박동수와 몸의 변화를 확인해서 몸 상태에 따라 달리기 속도를 조절하도록 도와주지요.
조고봇은 아주 똑똑한 트레이너 드론이에요.

드론이 촬영한 달리기 영상을 SNS(소셜네트워크서비스)에 올릴 수 있다.

2 신기한 드론의 종류

익스트림 스포츠 드론이 뭐예요?

깎아지른 듯한 절벽에서 암벽 타기,
울퉁불퉁 바위산에서 산악자전거 타기,
어마어마한 눈 언덕에서 스키 타기…….
이처럼 아슬아슬하고 위험해 보이는
'익스트림 스포츠'를 즐기는 사람들이 있어요.
모험과 도전을 즐기는 사람들이지요.
짜릿하고 생생한 순간을 사진이나 동영상으로
남기고 싶은데, 위험한 곳에서
사진을 찍는 일이
너무 어렵다고요?
그렇다면 이제
드론과 함께
익스트림 스포츠를
즐겨 보세요.

드론은
몸에 작은 센서를
붙이고 익스트림 스포츠를
하는 사람을 적당한 거리에서
따라다니며 사진과 동영상을
찍는답니다.
무시무시한 눈 언덕에서 스키를 타고
내려오는 모습도, 물보라를 일으키며
산처럼 거대한 파도를 타는 모습도
드론이 멋지게 찍어 줄 거예요.
또 드론은 익스트림 스포츠를
즐기던 사람이 사고를 당했을 때
재빨리 구급 신호를 보내 구조대를
부를 수도 있답니다.

2 신기한 드론의 종류

레이싱 드론은 어떻게 경주해요?

씽씽 신나게 달리는 자동차 경주를 보면 짜릿하고 정말 멋져요. 뱅글뱅글 곡예비행을 하는 에어쇼도 긴장감이 넘치지요.
그런데 하늘에서 경주를 펼치는 드론을 본다면 어떨까요? 정말 환상적이겠죠?
실제로 레이싱 드론이 멋진 경주를 펼치는 레이싱 대회가 있어요.

▲고글형 모니터를 쓴 레이싱 선수
제공: 한국드론레이싱협회

레이싱 드론이 하늘에서 쫓고 쫓기며 경주를 펼쳐요. 장애물을 하나씩 통과하기도 하고 온 힘을 다해 질주도 하면서 한껏 솜씨를 뽐내요. 조종사들은 땅 위에서 고글 속의 모니터를 보면서 레이싱 드론을 조종해요. 이렇게 하면 실제로 드론에 타고 있는 것 같은 느낌을 느낄 수 있어요. 엄청나게 빠른 속도로 날아가는 듯한 느낌일 거예요. 우리나라에서도 많은 드론 레이싱 대회가 열리며 인기를 모으고 있어요. 실내에서 펼쳐지는 미니 드론 레이싱 대회도 있답니다.

2 신기한 드론의 종류

게임 드론이란 무엇이에요?

드론을 더 재미있게 즐기기 위해 게임에 연결시킬 생각을 한 사람들이 있어요. 덕분에 드론을 이용한 여러 가지 게임이 나왔답니다.
우주 전쟁이 벌어지는 곳으로 드론이 날아올라요. 드론은 레이저 광선총을 피해 날아다니며 외계인과 싸워야 해요. 이때 드론은 우리가 손으로 만질 수 있는 진짜 드론이지만, 우주 전쟁이 일어나는 배경은 '증강현실'이에요. '증강현실'이란 실제 공간 속에 가상의 영상을 겹쳐 보여 주는 기술을 말해요. 요즘 게임에서 자주 쓰이는 기술이지요.

2 축구 드론은 어떻게 경기해요?

신기한 드론의 종류

축구 경기를 하는 드론도 있어요.
드론 5대가 한 팀을 이뤄 총 10대의 드론이
경기를 해요. 드론 축구 선수들은 날개를
보호하기 위해 동그란 보호 장비를
두른답니다. 보호 장비는 가볍고 단단한
탄소 섬유로 되어 있어요. 그래서 드론끼리
부딪혀도 안전하지요.

드론 축구 경기가 일반 축구 경기와 다른 점이 있어요. 골대에 공을 차 넣는 게 아니라 드론이 직접 골대로 들어간다는 거예요. 2017년, 우리나라 전주시에서 세계 최초의 드론 축구 공식 대회가 열렸어요. 반짝반짝 빛을 내는 드론 축구 선수들이 멋진 경기를 보여 준 대회였답니다.

▲축구 드론

멋진 쇼를 보여 주는 엔터테이너 드론

드론은 환상적인 쇼를 보여 주는 데에도 쓰이고 있어요. 음악 공연장에서는 하늘에 뜬 드론 스피커가 음악을 더욱 생생하게 들려줘요. 마술이나 서커스에서도 드론이 등장해 화려한 볼거리를 제공해 주지요. 드론만이 보여 줄 수 있는 드론 불빛 쇼도 있어요. 수많은 드론이 한꺼번에 날아올라 여러 가지 모양과 색깔을 만들어 내는 거예요. 디즈니랜드와 같은 테마파크에서도 드론을 이용한 공연을 계획하고 있어요. 불꽃놀이보다 더 화려한 드론 불빛 쇼, 여러 대의 드론이 커다란 인형을 공중에 들어 올려 보여 주는 인형극 등을 계획하고 있지요. 2018년 평창 동계 올림픽 개막식과 폐막식에서 드론이 멋진 쇼를 선보이기도 했어요. 1,208대의 드론이 오륜기와 스노우보더 모양 등을 표현해 관람객들의 박수를 받았답니다.

3 드론의 날개는 몇 개예요?

재밌는 드론의 비행 원리

드론은 날개가 2개 있는 것도 있고 3개, 4개, 6개, 8개가 있는 것도 있어요. 드론과 같이 날개가 달려 있는 비행체는 날개의 형태에 따라서 '고정익기'와 '회전익기'로 나뉘어요. 고정익기는 우리가 흔히 알고 있는 비행기를 말해요. 날개가 고정되어 있어서 고정익기라고 하지요. 회전익기는 헬리콥터를 떠올리면 돼요. 날개가 빙빙 회전하기 때문에 회전익기라고 해요.
드론은 고정익기도 있고 회전익기도 있어요. 비행기와 똑같이 생겼는데 조종석만 없는 드론도 있고, 회전 날개가 여러 개 달린 드론도 있지요.

▲다양한 회전익기

주변에서 흔히 볼 수 있는 드론은 회전 날개가 여러 개 달린 드론이에요. 여러 개의 회전 날개가 달린 드론을 '멀티콥터'라고 불러요. 날개의 개수에 따라서 회전 날개가 3개면 '트라이콥터', 4개면 '쿼드콥터', 6개면 '헥사콥터', 8개면 '옥토콥터'라고 한답니다.

회전 날개가 3개인 트라이콥터

회전 날개가 4개인 쿼드콥터

회전 날개가 6개인 헥사콥터

회전 날개가 8개인 옥토콥터

3 재밌는 드론의 비행 원리

드론은 어떻게 하늘을 날아요?

자전거를 타고 쌩쌩 달리면 시원한 바람이 얼굴에 와 닿아요. 이처럼 사람이나 사물이 움직이면 공기의 흐름, 즉 바람이 생겨나지요. 비행기나 드론이 하늘을 날 수 있게 하는 힘도 바람의 힘이에요. 공기를 움직여서 일으킨 바람의 힘을 이용하는 것이지요. 고정익기는 활주로를 빠르게 달려서 바람을 일으키고, 회전익기는 회전 날개를 돌려서 바람을 일으켜요.

드론이 하늘을 날 때 드론에 주어지는 힘에는 여러 가지가 있어요. 드론을 공중에 떠 있게 하는 힘인 '양력'과 드론을 앞으로 나아가게 하는 힘인 '추력'이 있지요. 드론이 하늘을 나는 것을 방해하는 힘도 있어요. 지구가 드론을 잡아당기는 힘인 '중력', 공기와의 마찰로 드론의 속도를 늦는 '항력', 눈, 비, 바람의 작용 같은 '기타 외력' 등이 있답니다.

3 재밌는 드론의 비행 원리

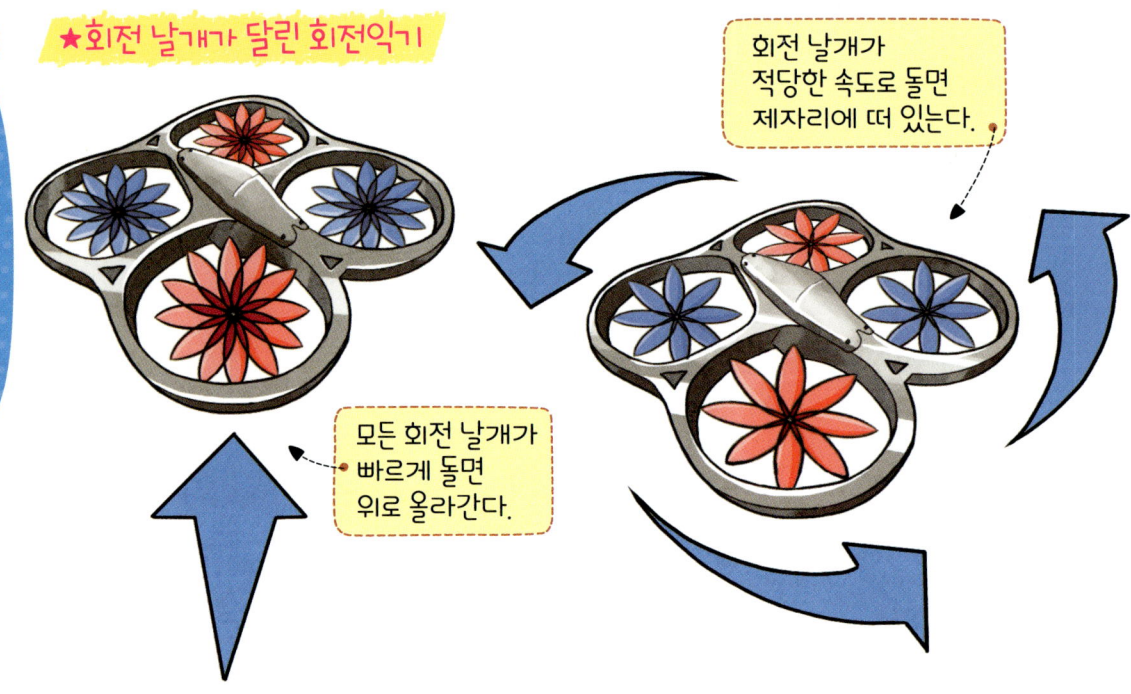

★회전 날개가 달린 회전익기

회전 날개가 적당한 속도로 돌면 제자리에 떠 있는다.

모든 회전 날개가 빠르게 돌면 위로 올라간다.

방해하는 힘들을 뚫고 드론이 하늘로 날아올라 앞으로 나아가려면 양력과 추력을 계속 만들어 내야 해요. 멀티콥터 드론은 회전 날개가 빙빙 돌면서 이런 힘을 만들어 내지요. 멀티콥터 중에서도 4개의 회전 날개를 가진 쿼드콥터의 경우 어떻게 하늘을 나는지 알아보아요.

쿼드콥터의 모든 회전 날개가 빠르게 돌면 제자리에서 위로 올라가고, 느리게 돌면 아래로 내려가요.

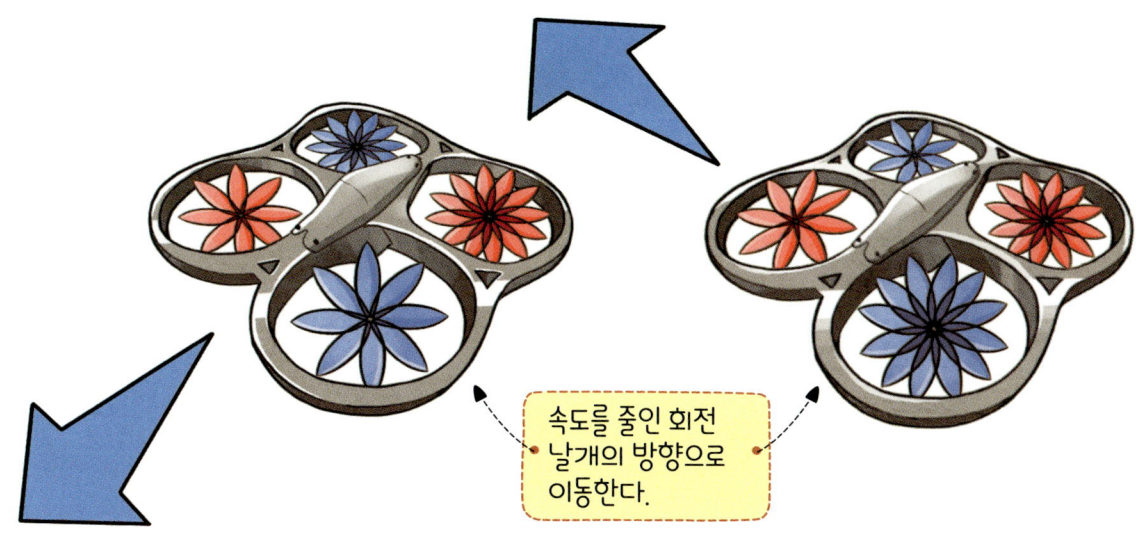

속도를 줄인 회전 날개의 방향으로 이동한다.

적당한 속도로 돌면 드론이 공중에서 제자리에 떠 있을 수 있지요. 왼쪽으로 방향을 바꾸고 싶을 때는 왼쪽 회전 날개의 속도를 줄여요. 그러면 드론이 왼쪽으로 기울어지면서 그쪽으로 나아가요. 반대로 오른쪽으로 방향을 바꾸고 싶을 때는 오른쪽 회전 날개의 속도를 줄이면 된답니다.

헬리콥터 Vs 멀티콥터

헬리콥터와 멀티콥터 드론은 회전 날개가 도는 힘으로 하늘을 난다는 점이 같아요. 하지만 하늘을 날고 있을 때 방향을 바꾸는 방법은 다르지요.
헬리콥터는 방향을 바꿀 때 하나뿐인 회전 날개의 가운데를 원하는 방향으로 기울여서 그 힘으로 방향을 돌려요. 반면 작은 회전 날개가 여러 개 달린 멀티콥터 드론은 가고 싶은 방향의 회전 날개의 속도를 줄이면 드론이 그쪽으로 나아가지요. 회전 날개 각각에 모터가 연결되어 있어서, 따로따로 속도를 조절할 수 있어요.

3 재밌는 드론의 비행 원리

비행기 모양 드론은 어떻게 날아요?

비행기 모양인 고정익 드론은 어떻게 날까요?
고정된 날개 2개를 가지고 있는 비행기 모양 드론은
비행기와 같은 방법으로 하늘을 날아요.

고정익기는 활주로를 빠르게
달려서 바람을 일으켜요. 바람이 일어나면
날개를 사이에 두고 위아래로 공기가 흘러
드론을 공중으로 들어 올리는 힘인 양력이 생기지요.
고정익기는 몸체가 무거울수록 활주로를 더 빨리
달려야 공중에 떠오를 수 있어요. 공중에 떠오른
드론이 앞으로 계속 나아가려면 아주 빠른 속도로
날아야만 해요.

사람이 타는 고정익 비행기와 마찬가지로 고정익 드론은 공중에 가만히 떠 있거나 위아래로 움직일 수 없어요. 그리고 뜨고 내릴 때 활주로가 필요하다는 점도 비행기와 똑같지요.

3 재밌는 드론의 비행 원리

어떤 드론이 더 멀리 날 수 있어요?

멀티콥터 드론은 위로 뜨거나 아래로 내려앉을 수 있어요. 공중에서 가만히 멈춰 있을 수도 있지요. 고정익 드론은 날아오르기 위해 활주로가 필요해요. 멀티콥터처럼 공중에 멈춰 있지도 못하지요. 하지만 날기 시작하면 매우 빠른 속도로 날 수 있고 멀티콥터보다 더 오랜 시간을 날 수도 있어요. 또한 고정익 드론은 아주 높이 날아오를 수도 있지요. 나사(NASA)의 드론 '헬리오스'는 하늘 위로 무려 29킬로미터까지 날아올랐어요.

이렇게 특징이 다르기 때문에 멀티콥터 드론과
비행기 모양 드론은 그 쓰임새도 달라요.
재난 지역에서 사람을 구조하는 드론이나 촬영용 드론,
배달용 드론으로는 위아래로 움직이거나 공중에서
떠 있을 수 있는 멀티콥터 드론이 쓰여요.
그리고 비행기 모양 드론은 군사용 드론 중에서 폭탄을
실어 나르는 공격용 드론으로 쓰이지요. 빠르고 멀리
날아야 하니까요. 우주로 날리는 드론도
비행기 모양 드론이에요.

드론은 어떻게 길을 찾아가요?

조종사가 없는 무인 비행체 드론은 어떻게 길을 찾아갈까요?
땅 위에서 드론 조종사가 드론을 조종하면 드론은 조종사가 원하는 방향으로 어디든 날아갈 수 있어요.
또 드론에 가야 할 목적지를 미리 입력해 놓고 드론이 스스로 찾아갈 수 있게 하는 자동 조종 방법도 있지요.

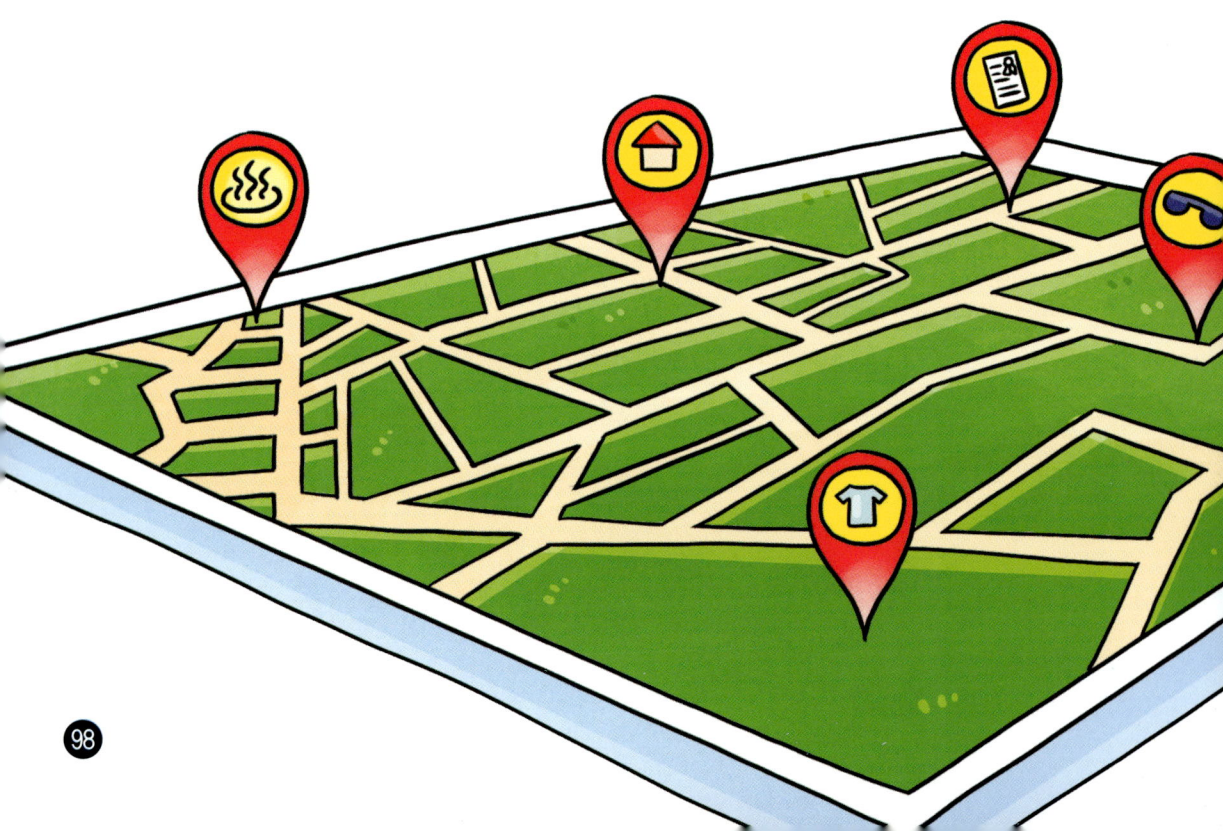

그렇다면 드론은 어떻게 목적지를 스스로 찾아갈 수 있는 걸까요?
드론이 목적지로 가는 길을 찾는 방법은 자동차 내비게이션을 떠올리면 돼요. 드론 속에 *GPS 장치가 들어 있어서 GPS가 가리키는 대로 날개가 자동으로 움직이도록 되어 있는 거예요.

*GPS(위성항법장치): 인공위성을 이용하여 자신의 위치를 정확히 알아낼 수 있는 시스템

3 재밌는 드론의 비행 원리

드론이 자동 조종으로 길을 찾아갈 때 장애물을 피하는 일은 다양한 센서가 담당해요. 드론에는 초음파 센서, 레이더 센서, 적외선 센서 등을 설치할 수 있어요. 드론은 초음파나 전자파를 앞쪽에 쏘아서 장애물이 있는지 판단하지요. 장애물에 반사되어 오는 신호의 속도를 확인해 장애물과의 거리를 계산해 내는 거예요.

스테레오 비전으로 장애물을 피하는 드론
스테레오 비전이란 사람의 눈처럼 2개의 카메라를 나란히 놓고, 두 영상의 차이를 통해 거리를 구별하는 방식이다.

여러 센서가 알아낸 정보들은 사람의 뇌와 같은 기능을 하는 비행 컨트롤러로 보내져요. 그러면 비행 컨트롤러에서 드론에게 알맞은 길을 안내한답니다.

3 드론의 눈으로 보면 어떻게 보여요?

재밌는 드론의 비행 원리

드론에 달려 있는 카메라는 드론의 눈이라고 할 수 있어요. 카메라가 보는 풍경을 영상 송신기를 통해서 컴퓨터에 보낼 수도 있지요.

그러면 땅 위에 있는 드론 조종사는 드론에 타고 있지 않아도 드론이 보내 준 영상을 보면서 하늘을 나는 느낌을 느낄 수 있어요.

드론 카메라로 찍은 사진과 동영상은 실시간으로 전송할 수도 있고 드론 카메라에 저장할 수도 있어요. 하늘 위에서 본 풍경, 깊은 동굴 속, 높은 산꼭대기, 구름 속 풍경까지 드론은 사람이 보기 힘든 풍경들을 우리에게 보여 준답니다.

▼드론으로 내려다본 풍경

3 재밌는 드론의 비행 원리

그런데 끊임없이 회전 날개를 돌리면서 하늘을 나는 드론이 어떻게 흔들리지 않고 영상을 촬영할 수 있는 걸까요? 바로 '짐벌'이라는 수평 장치 덕분이에요. 짐벌은 카메라를 드론에 연결하고 받쳐 주는 지지대예요.

카메라용 짐벌

스마트폰용 짐벌

45°

45°

강한 바람이 불어와도 카메라가 흔들리지 않고 수평을 유지하도록 해 주지요. 짐벌만 있으면 작은 드론에 스마트폰을 연결해서 촬영할 수도 있답니다.
흔들림 없이 깨끗한 영상을 찍을 수 있는 카메라 덕분에 드론은 더욱 많은 일들을 할 수 있어요. 고속도로에서 교통 상황을 알려 주는 일, 북극 바다에서 환경 오염을 감시하는 일, 험난한 곳의 지형을 여러 각도에서 살펴 지도를 만들어 내는 일들이 모두 드론 카메라를 활용해서 할 수 있는 것들이지요.

몸체가 기울어진 드론

카메라의 수평을 유지해 주는 짐벌

3 드론의 몸체는 어떻게 생겼어요?

재밌는 드론의 비행 원리

스스로 비행할 수 있을 만큼 드론은 굉장히 똑똑해요. 하늘을 나는 로봇이라고도 할 수 있지요. 그런데 드론의 구조는 생각보다 간단하답니다. 드론이 어떤 구조로 이루어져 있는지 살펴볼까요? 드론의 몸체는 드론의 모양을 유지해 주는 뼈대가 되는 부분이에요. 4개의 회전 날개를 가진 드론은 X자 모양으로 생겼어요. 드론은 날개의 개수에 상관없이 가운데를 중심으로 대칭이 되도록 날개가 달려 있지요.

회전 날개
드론의 회전 날개는 작고 가벼워요. 탄소 섬유나 나무 등 여러 가지 재료로 되어 있고 색깔도 다양해요.

변속기
비행 컨트롤러의 지시에 따라서 모터의 회전 속도와 회전력을 바꿔 주는 역할을 해요.

착륙 장치(랜딩기어)
드론의 착륙을 위한 장치예요. 복잡한 형태의 비행기는 날아다닐 때 착륙 장치를 몸체 안으로 집어넣게 되어 있어요. 하지만 간단한 형태인 드론의 경우 착륙 장치도 간단해서 마치 드론의 발처럼 드론 끝에 매달려 있어요.

수신기
지상에 있는 조종기에서 보내는 신호를 받아요.

비행 컨트롤러
드론의 두뇌 역할을 하는 부분이에요. 드론을 날게 하는 모든 일이 이 컨트롤러를 통해서 이루어져요. 비행 컨트롤러는 나침반, 가속도계, GPS 센서 등에 연결되어 있어요. 컨트롤러의 성능에 따라서 드론의 성능도 정해져요.

영상 송신기
드론에 달린 카메라가 촬영한 사진과 영상을 지상에 있는 컴퓨터나 스마트폰으로 전송해요.

카메라
모든 드론에 카메라가 달려 있지는 않아요. 드론을 이용하여 사진과 영상을 촬영할 목적이라면 카메라가 달려 있는 드론을 선택해요.

모터
드론이 비행할 수 있도록 날개를 돌리는 역할을 해요. 드론이 공중에서 안정적으로 자세를 유지하거나 원하는 방향으로 움직이려면 모터 속도를 계속 조절해 줘야 해요.

드론 무선 조종기는 어떻게 생겼어요?

무선 조종기는 땅 위에서 조종사가 드론을 조종하는 리모컨이에요. 대부분의 드론은 비슷한 모양의 조종기를 사용해요. 게임기 같아 보이기도 하지요?

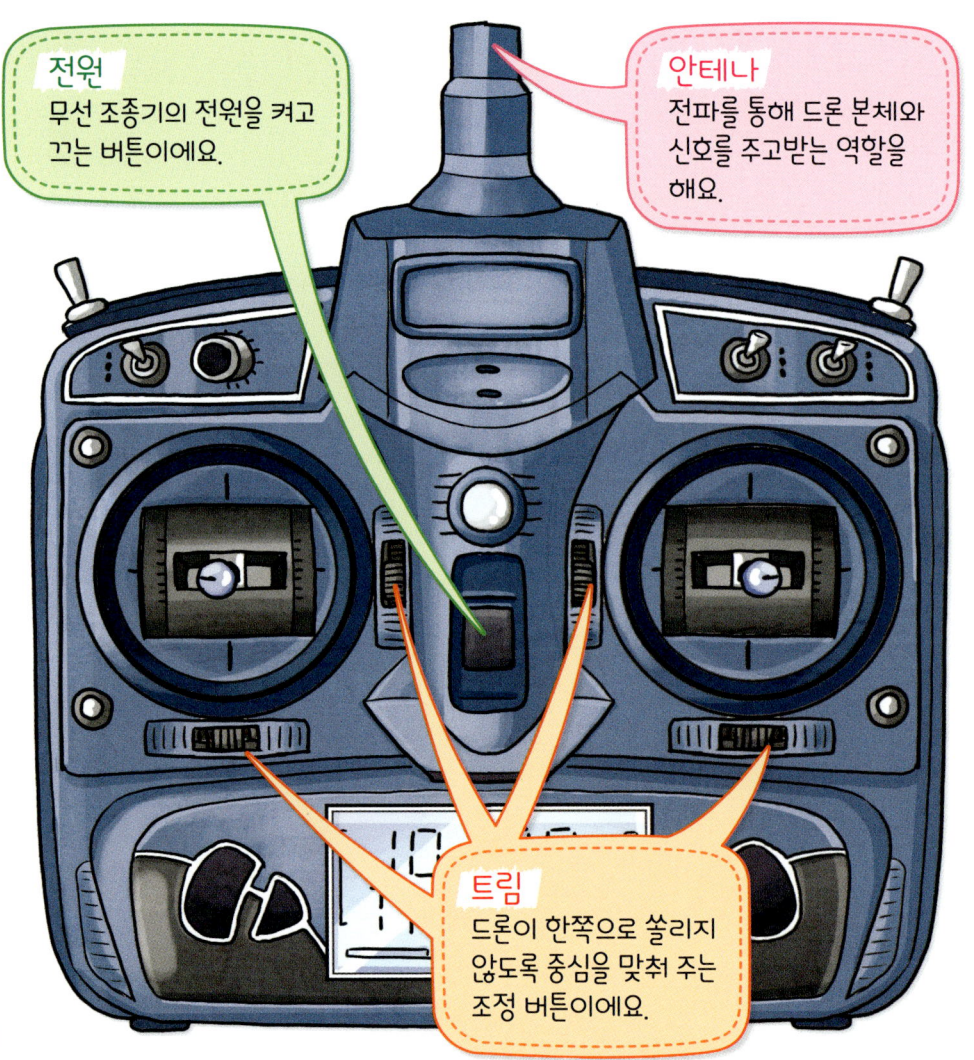

전원
무선 조종기의 전원을 켜고 끄는 버튼이에요.

안테나
전파를 통해 드론 본체와 신호를 주고받는 역할을 해요.

트림
드론이 한쪽으로 쏠리지 않도록 중심을 맞춰 주는 조정 버튼이에요.

조종간
드론이 나아갈 방향을 결정해요. 드론의 전후, 좌우, 상하 이동과 회전을 조종해요. 왼쪽과 오른쪽 조종간의 기능을 바꿔 사용할 수도 있어요.

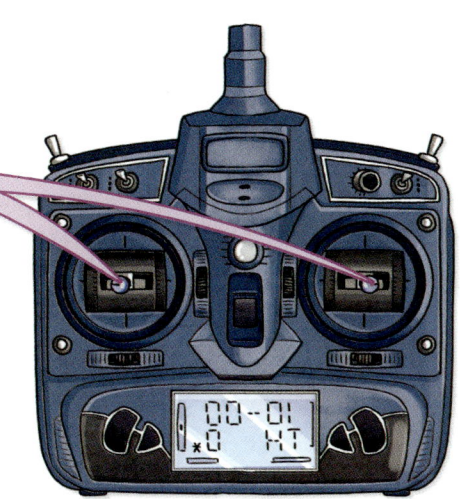

다양한 컨트롤러
무선 조종기에는 드론의 기본 움직임을 통제하고 조절하는 조종간 외에도 다양한 기능의 컨트롤러가 있어요. 스위치와 다이얼 모양의 컨트롤러로 카메라의 각도를 조절하거나 비행 모드를 정할 수 있어요.

LCD 화면과 설정 버튼
드론을 날리기 전에 무선 조종기의 상태를 확인할 수 있고 다양한 기능을 설정할 수 있어요.

4 드론을 조종할 때 무엇을 조심해야 해요?

신나는 드론 조종법

가슴이 두근두근~. 처음으로 드론을 날려 보려고 해요. 드론이 하늘로 잘 날아오를까? 내가 조종을 잘할 수 있을까? 드론이 땅으로 떨어져서 망가지면 어떡하지? 혹시라도 사고가 나지는 않을까 걱정도 될 거예요. 드론을 조종할 때는 몇 가지만 주의하면 안전하고 멋진 드론 조종을 할 수 있어요.

드론을 날릴 때는 맑고 바람이 불지 않는 날을 골라야 해요. 바람이 불면 조종하기가 힘들거든요.

또 처음 드론을 날릴 장소로는 실내나 좁은 공간보다는
공원이나 탁 트인 들판 같은 곳을 선택해야 해요.
만약 드론이 추락하더라도 망가지지 않게 잔디나
풀이 깔려 있는 곳이 좋지요.
아직 조종이 서툴러서 실수를 할 수도 있기 때문에
주변에 다른 사람이나 동물이 없는 곳에서
시작하는 것이 좋아요.

4 신나는 드론 조종법

드론을 날리기 전에 확인해야 할 것들이 있어요. 사고를 예방하기 위해서는 무엇보다도 꼼꼼한 점검이 중요하답니다.

1 가장 먼저 일기 예보를 확인해요. 바람이 불거나 비가 내리는 날은 피해요.

2 드론을 조종하는 도중에 갑자기 배터리가 떨어지면 사고가 날 수 있어요. 배터리가 충분히 충전돼 있는지, 드론에 단단히 고정돼 있는지 살펴요.

3 카메라가 있는 드론이라면 메모리카드가 제대로 끼워져 있는지 확인해요.

4 드론을 날릴 곳에 도착하면 드론을 조심스럽게 꺼내요. 가지고 오는 동안 드론에 문제가 없었는지 확인해요.

비행 시간을 꼭 지켜요!

드론을 날릴 때에는 반드시 비행 시간을 지켜야 해요. 재미있다고 너무 오랫동안 드론을 날리면 모터에 무리가 갈 수 있어요. 또 배터리가 떨어져서 드론이 추락할 수도 있지요. 설명서에 나온 비행 시간보다 조금 더 짧게 날리는 게 좋아요. 취미용 드론의 경우 권장 비행 시간은 보통 7~10분 정도예요.

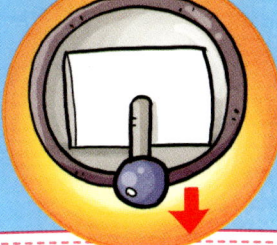

5 회전 날개의 방향이 똑바로 되어 있는지, 드론의 각 부분을 연결한 나사들은 단단히 조여져 있는지 꼼꼼히 살펴요.

6 드론의 전원을 켜기 전, 추력을 조절하는 조종간이 아래로 내려와 있는지 반드시 확인해요. 이 조종간이 위로 올라가 있으면 드론이 갑자기 공중으로 떠오르면서 문제가 생길 수도 있어요.

7 항상 조종기를 먼저 켠 다음에 드론 몸체의 전원을 켜도록 해요. 드론이 켜져 있는 상태에서 조종기 버튼을 잘못 누르면 예상치 못한 사고가 발생할 수 있어요.

4 드론을 날릴 때 지켜야 할 법이 있어요?

신나는 드론 조종법

드론은 아무 곳에서나 날릴 수 없어요. 다른 비행체나 건물과 부딪혀 사고가 날 위험도 있고, 카메라가 몰래 남의 집을 찍으면 사생활 침해의 문제도 생기니까요. 그래서 드론을 날릴 때도 지켜야 할 법이 있답니다. 우리나라에서는 국토교통부에서 항공법에 바탕을 두고 '드론 조종자 준수 사항'을 만들었어요. 드론을 날리는 사람들이 꼭 지켜야 할 사항들이지요.

무게 12킬로그램 이하, 엔진 배기량(엔진 실린더 안의 피스톤이 한 번의 운동으로 밀어 내는 기체의 부피) 50시시(cc) 이하인 작은 드론은 신고를 하지 않아도 날릴 수 있어요. 하지만 무게 12킬로그램이 넘는 드론을 조종하려면 드론 조종 면허가 필요해요. 국토교통부에서 시험을 통해 '초경량비행장치 조종자 자격증'을 발급해 줘요. 자격증 시험은 드론의 종류와 등급, 형식에 따라 여러 가지가 있어요.

4 신나는 드론 조종법

그럼 어디서 드론을 날리면 좋을까요? 만약 한강에서 드론을 날리고 싶다면 광나루 한강공원으로 가요. 그곳에 드론 공원이 마련돼 있답니다. 미리 예약하면 한 번에 30명까지 드론을 날릴 수 있어요.

드론, 어디에서 날릴까?

드론 비행 금지 구역을 확인할 수 있는 스마트폰 애플리케이션이 있어요. 레디 투 플라이(Ready to fly)라는 애플리케이션이에요. 이 애플리케이션에서는 지도를 통해 비행 금지 구역을 확인할 수 있고, 또 현재 있는 곳의 날씨도 알려 준답니다.

현재 전국 곳곳에 드론 전용 공원이 마련돼 있으며 앞으로 계속 늘어날 거예요. 이곳에서는 자유롭게 드론을 날릴 수 있어요.

4 드론은 어떻게 조종해요?

신나는 드론 조종법

모든 준비가 끝났다면 이제 드론을 날려 볼까요?
드론마다 조종기는 조금씩 다르게 생겼지만
기본적인 기능들은 비슷해요.
조종기에는 2개의 조종간이 달려 있어요. 조종하는
사람이 조종간을 움직이면 드론에 신호가 전달돼요.
조종간을 움직여서 드론을 뜨고 내리게 하고
앞, 뒤, 왼쪽, 오른쪽으로 움직이게도 하지요.
또 공중에서 빙빙 회전시킬 수도 있답니다.

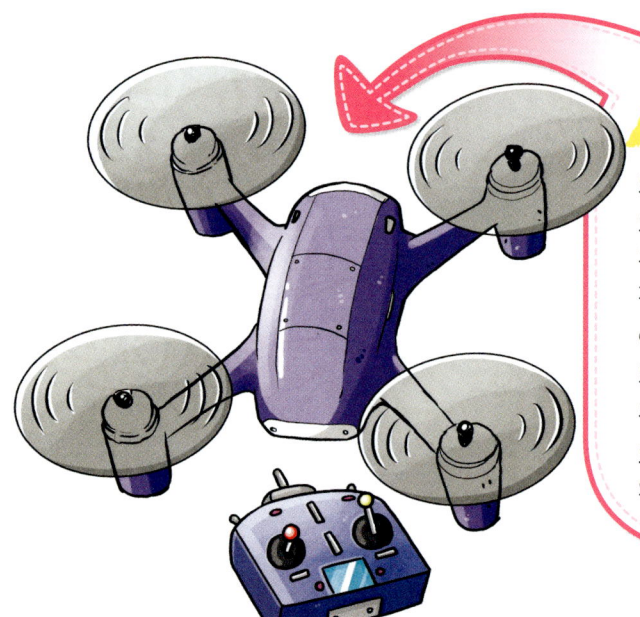

드론 띄우고 착륙시키기

드론을 공중에 띄우려면 조종기의 오른쪽 조종간을 아주 천천히 위로 올려요. 회전 날개가 움직이기 시작할 정도까지만 올린 다음에 멈춰요.
이 느낌이 손에 익을 때까지 연습한 뒤에 익숙해지면 오른쪽 조종간을 밀어 올려 드론을 띄워 봐요.
드론을 착륙시킬 때는 오른쪽 조종간을 완전히 아래로 내리면 돼요.

두 조종간이 하는 역할을 바꿀 수도 있어요. 오른쪽 조종간으로 상하 이동과 좌우 이동을 조종하고 왼쪽 조종간으로 전후 이동과 회전을 조종하는 것을 '모드 1 설정'이라고 해요. 상하 이동과 전후 이동 조종간을 서로 바꾼 것을 '모드 2 설정'이라고 하지요. 우리나라에서는 모드 1을 많이 썼지만 최근에는 모드 2의 사용도 늘어나고 있다고 해요. 여기에서는 모드 1의 경우로 설명할게요.

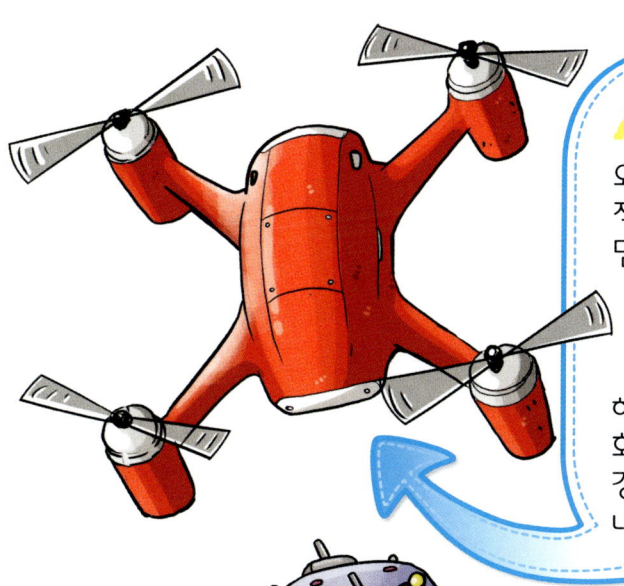

공중에서 멈춰 있게 하기

오른쪽 조종간을 올려 공중에 띄운 드론이 적당한 높이에 다다르면, 오른쪽 조종간을 멈춰 높이를 유지해요. 이때 드론이 전후로 움직이지 않도록 왼쪽 조종간은 가만히 두어야 해요. 그러면 드론이 공중에서 멈춰 있어요. 이 상태를 '호버링'이라고 해요. 드론을 무릎 높이 정도로 띄우며 호버링을 연습해요. 돌발 상황이 일어날 경우 오른쪽 조종간을 재빨리 아래로 내려서 착륙시켜요.

4 신나는 드론 조종법

앞, 뒤, 좌, 우로 움직이기

드론을 앞뒤로 움직이게 하려면 왼쪽 조종간을 앞으로 살짝 밀어서 드론이 앞쪽으로 나아가도록 해요. 왼쪽 조종간을 아래로 당기면 드론이 원래 위치로 돌아와요. 드론을 좌우로 움직이게 하려면 오른쪽 조종간을 좌우로 밀면 돼요. 다시 제자리에 돌아오게 할 때도 역시 오른쪽 조종간으로 조종해요.

회전시키기

드론이 공중에서 동그라미를 그리며 빙빙 돌게 하려면, 먼저 드론을 공중에 띄워 호버링시켜야 해요.
그다음에 왼쪽 조종간을 왼쪽이나 오른쪽 한 방향으로 쭉 밀어요. 그러면 드론이 제자리에서 빙빙 돌며 회전하는 모습을 볼 수 있어요. 반대쪽으로 돌게 하려면 왼쪽 조종간을 반대 방향으로 밀어요.

여러분도 지금 배운 드론 조종법으로 드론을 멋지게 날려 보세요. 처음에는 어려워도 계속 연습하면 조금씩 실력이 좋아질 거예요.
드론 중에는 자동 조종 기능이 있는 것도 있어요. 자동 조종 기능을 이용하면 내가 직접 드론을 조종하지 않아도 멋진 비행을 할 수 있답니다.

드론의 자동 조종 기능들

방향 유지	조종사의 위치를 기준으로 드론의 경로를 고정하는 기능
귀환	드론을 후진시키면 드론이 출발했던 이륙 지점으로 돌아오게 하는 기능
자기 추적	조종기를 들고 있는 사람을 드론이 계속 따라다니게 하는 기능
회전	드론이 어떤 대상을 중심으로 빙빙 원을 그리며 회전하는 기능
경로점 비행	지도에 지정한 지점을 향해서 자동으로 비행하는 기능

4 드론으로 멋진 풍경을 촬영하는 방법은?

신나는 드론 조종법

드론으로 사진이나 동영상을 촬영하고 싶다면 먼저 드론 조종법을 완전히 익힌 후에 사용해야 해요. 드론을 조종하면서 촬영까지 하는 건 쉽지 않거든요. 촬영에 신경을 쓰다 보면 조종을 소홀히 해서 사고가 날 수도 있답니다.

카메라가 달려 있는 촬영용 드론은 무게도 더 나가고 값도 비싼 편이에요. 드론을 떨어뜨려 망가뜨리고 싶지 않다면 그만큼 더 조심해야 하지요.

드론으로 촬영할 때는 맑은 날씨에 해야 해요.
비나 눈이 오는 날에는 드론이 망가질 수 있어요.
드론으로 멋진 풍경을 찍으려면 드론을 천천히
움직이면서 촬영해요. 그래야 영상이 고르게
나온답니다.
파노라마 영상을 찍고 싶으면 드론이 원을 그리면서
움직이도록 조종해요. 한눈에 사방의 전경을 볼 수 있는
멋진 장면이 나올 거예요.
자동 조종 기능이 있는 드론이라면 촬영할 때
이 기능을 활용해 보세요. 드론이 자동으로
비행하면 조종사는 촬영에만 집중할 수
있으니 더 좋은 장면이 나올 수 있겠지요?

2인 조종

드론으로 촬영할 때는 두 명의 조종사가 짝을 이뤄 조종하기도 해요. 한 사람은 드론을 조종하고, 다른 한 사람은 촬영만 전문으로 맡지요. 드론 조종 실수로 인한 사고를 막고, 더 좋은 사진과 영상을 촬영하기 위한 방법이에요.

돌발 상황이 일어나면 어떻게 해요?

드론 조종을 능숙하게 하고 항상 조심을 해도
드론을 날리다 보면 돌발 상황이 일어날 수 있어요.
돌발 상황이 일어났을 때 당황하지 않고
사고를 막으려면 어떻게 해야 하는지 미리미리
알아 두어야겠지요?

갑작스러운 돌풍에 드론이 날아가 버릴 때

취미용으로 나온 미니 드론 중에는 너무 가벼워서 바람에 약한 기종이 있어요. 만약 드론이 강한 바람에 날아가게 되면, 재빨리 조종간을 움직여 드론을 착륙시켜야 해요. 착륙시키기 전에는 드론 아래쪽에 지나가는 사람이나 동물, 장애물이 없는지 살피는 것도 잊지 말아야 해요.

구경하던 사람들이 드론을 향해 뛰어들 때

낮은 높이에서 드론 날리는 연습을 하고 있는데, 주변에서 구경하던 아이들이 갑자기 드론을 향해 뛰어들어요. 이럴 때는 어떻게 해야 할까요? 이때는 드론의 방향을 바꾸어서 사람을 피하려고 하기 보다는 드론을 재빨리 착륙시키는 게 좋아요. 드론 사고의 대부분은 사람을 피하려고 갑작스럽게 방향을 바꾸다 일어난답니다.

조종이 서툴러 드론이 생각지도 못한 방향으로 움직일 때

드론이 내 뜻대로 움직이지 않고 다른 방향으로 날아가 버리면 너무 당황해서 조종기를 놓아 버리는 경우가 있어요. 이렇게 되면 드론이 그대로 추락해 큰 사고로 이어질 수 있지요. 예상하지 못한 일이 발생해도 당황하지 않아야 해요.
만약 드론이 추락하고 있다면 오른쪽 조종간을 살짝 올려서 드론을 띄워 줘요.

하늘에서 날아가는 새를 만났을 때

드론을 날리고 있는데 갑자기 새들이 드론 쪽으로 날아오면 어떻게 해야 할까요? 이때는 드론의 비행 높이를 더 높여서 새를 피하는 게 좋아요.
높이를 낮추거나 방향을 바꾸면 새들이 계속 드론을 따라오며 공격할 수 있어요.

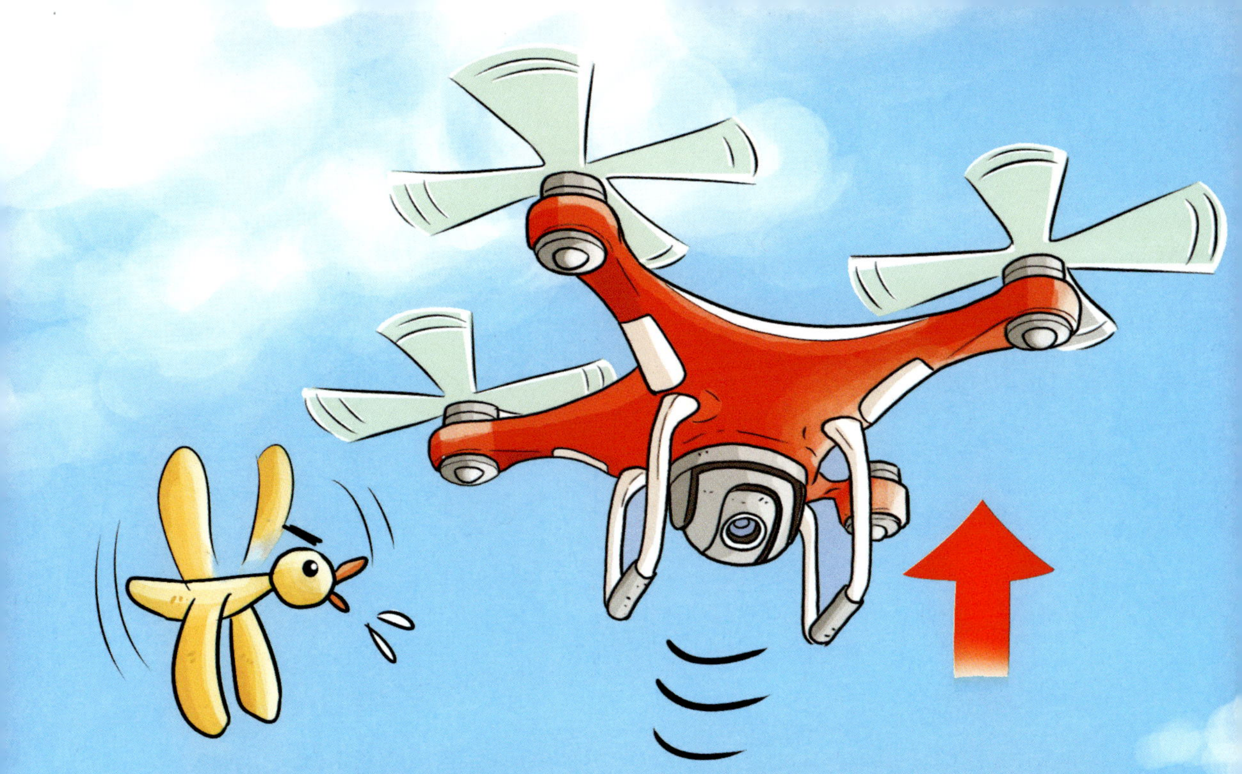

드론이 안 보이는 곳으로 날아가 버렸을 때

드론이 멀리 날아가 시야에서 사라졌을 때는 스스로 원래 자리로 돌아오는 '오토 리턴' 기능을 사용해요. 드론이 돌아오다가 내 눈에 안 보이는 곳에서 장애물과 충돌할 수 있기 때문에 오토 리턴 기능을 사용하기 전에는 드론의 높이를 10~20미터 정도 높여 줘요. 그리고 드론이 다시 눈에 보이면 직접 조종해요.

5 놀라운 드론의 미래

5 놀라운 드론의 미래

미래에는 어떤 드론이 나올까요?

미래에는 드론이 지금보다 더 널리 쓰이면서 많은 일들을 할 거예요. 구글이 뽑은 최고의 미래학자 토머스 프레이는 미래에 드론이 할 수 있는 일을 192가지나 꼽았답니다. 그의 예상대로 미래의 드론은 다양한 모습으로 변신해서 우리 생활과 함께할 거예요. 크고 작은 드론이 낮게 날거나 아주 높은 곳에서 날 수도 있고, 땅 위를 구르듯이 다니거나 건물에 바짝 붙어서 날 수도 있어요.

또 강에 떠다니거나
물속으로 잠수를
할 수도 있고,

기차나 비행기에 붙어서 따라다니며
날 수도 있지요.

와~

5 놀라운 드론의 미래

• 우편배달 드론
• 해양 구조 드론

미래에는 많은 사람들이 드론을 날려서 드론이 새 떼처럼 하늘 가득 날아다닐지도 몰라요. 머지않아 등장할 여러 가지 드론을 상상해 볼까요?

• 정찰 드론
• 드론 택시
• 레이싱 드론

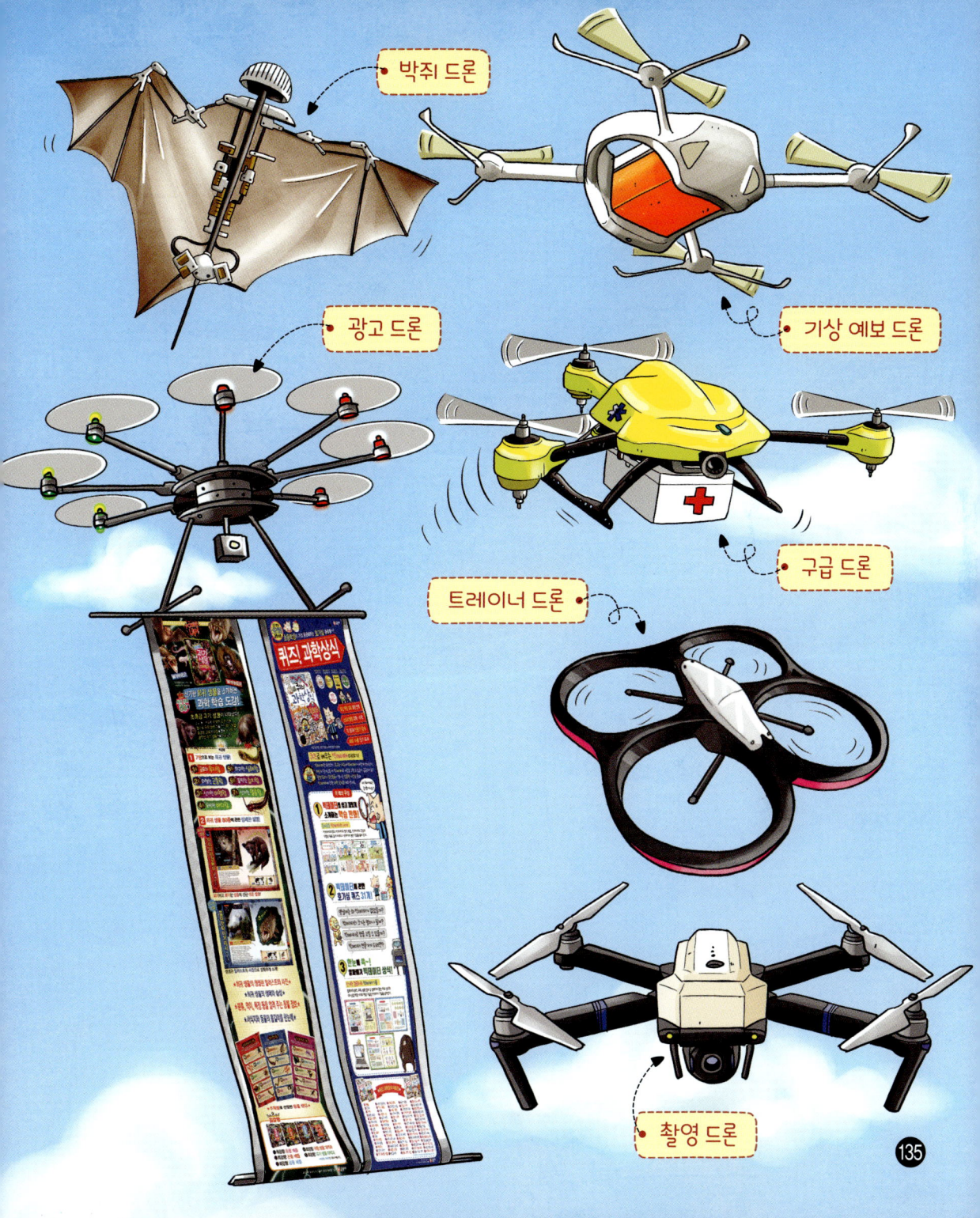

5 놀라운 드론의 미래

드론 택시는 어떻게 하늘을 날아요?

많은 차들로 꽉 막힌 고속도로에 갇혀 있을 때면 누구나 한 번쯤 이런 생각을 해 보았을 거예요. "하늘을 나는 자동차가 있으면 얼마나 좋을까?" 머지않은 미래에는 우리의 바람대로 하늘을 나는 드론 자동차를 만날 수 있답니다.

드론 자동차는 바퀴가 달려 있어 평소에는 도로를 달리다가 필요할 때면 하늘로 날아올라요.

현재 여러 나라에서 드론 자동차를 드론 택시로 활용하기 위해 연구하고 있어요. 중국은 약 30분 동안 비행하며 16킬로미터까지 날아갈 수 있는 드론 택시용 자동차 '이항 184' 개발에 성공했어요.
2017년 드론 택시 시험 운행에 성공한 두바이는 앞으로 드론 택시와 자율 주행 자동차를 확대해 나갈 계획을 발표하기도 했답니다.

5 트랜스포머 드론은 무슨 일을 해요?

놀라운 드론의 미래

평소에는 땅 위를 달리는 트럭인데 필요할 때면 하늘로 날아오르는 트랜스포머 드론도 있어요. 트랜스포머란 모양이 바뀐다는 뜻이에요. 이름은 '블랙 나이트 트랜스포머'랍니다. 미국 육군이 전쟁터에서 사용하려고 만든 이 트럭 드론에는 8개의 회전 날개가 달려 있어서 큰 몸집에도 불구하고 날아오를 수 있답니다.

드론에서 잠수함으로 변신하는 트랜스포머 드론도 있어요. 항공기 회사 '보잉'에서 만들어 낸 이 드론은 하늘을 날다가 필요할 때면 잠수함으로 변신해 물속으로 잠수해요.
이 드론의 날개 연결 부분에는 물에 녹는 접착제가 쓰였어요. 그래서 잠수함으로 변신할 때면 접착제가 녹아 비행용 날개가 떨어져 나가지요. 그리고 그 자리에서 잠수용 회전 날개가 나온답니다.
미래에는 이외에도 더 놀라운 트랜스포머 드론들이 등장할 거예요.

안전한 드론 세상을 만들려면?

갑자기 하늘에서 드론이 떨어지면 어떻게 할까요? 미국에서는 초등학교 운동장 바로 옆에 드론이 떨어지는 사고가 발생해 사람들이 깜짝 놀란 적이 있어요. 떨어진 드론이 폭발해서 산불이 난 사고도 있었지요. 수많은 드론이 날아다니게 될 미래의 하늘에서는 드론 교통사고가 일어날 수 있어요. 안전한 드론 세상을 위해서 어떤 것들을 준비해야 할까요?

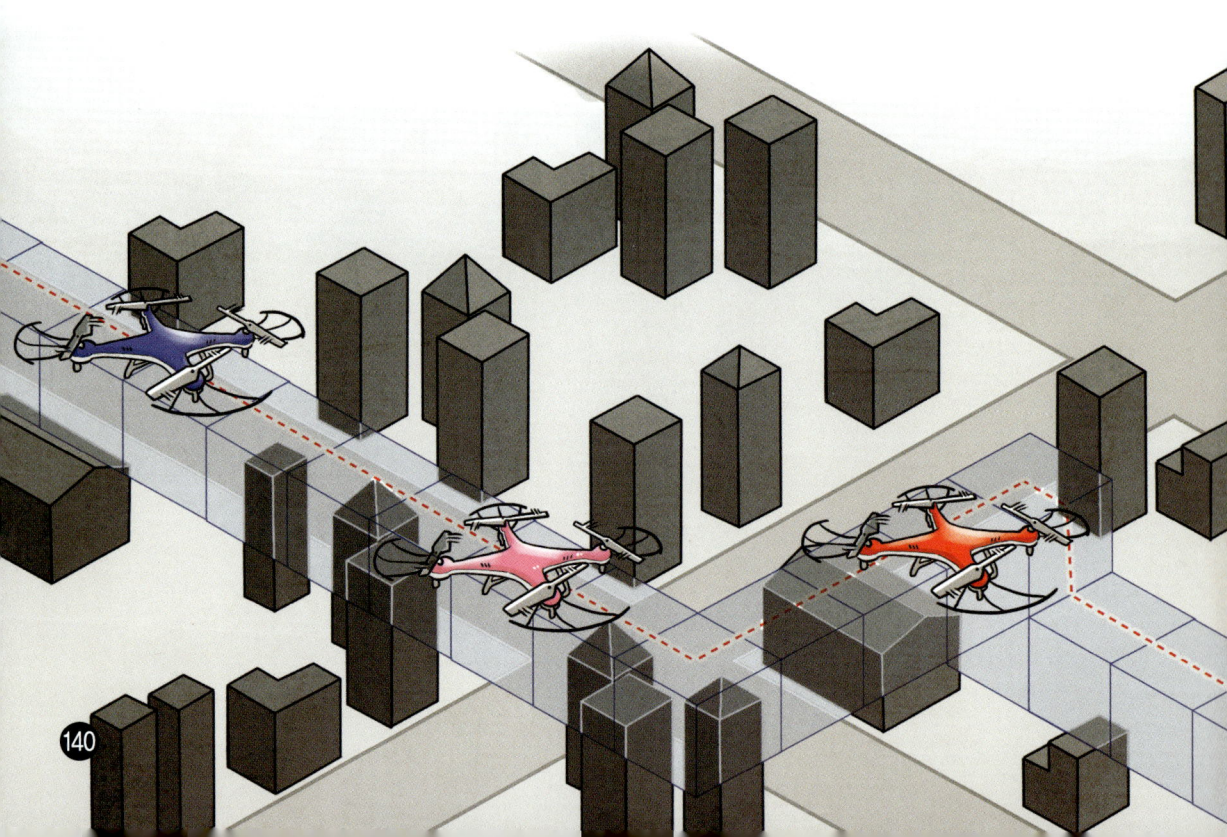

안전한 드론 세상을 위한 과제 1

드론 전용 고속 도로와 드론 교통 관련 제도

땅 위에 도로가 있듯이 미래에는 하늘에도 드론 전용 고속 도로가 필요해요. 드론을 관리하고 통제하는 관제소도 있어야 하지요. 드론 교통법과 드론 교통경찰도 생길 거예요. 현재 드론 기술자들은 추락 방지 기술을 연구하고 있어요. 드론이 추락할 때를 대비해서 드론 낙하산과 에어백도 만들고 있답니다.

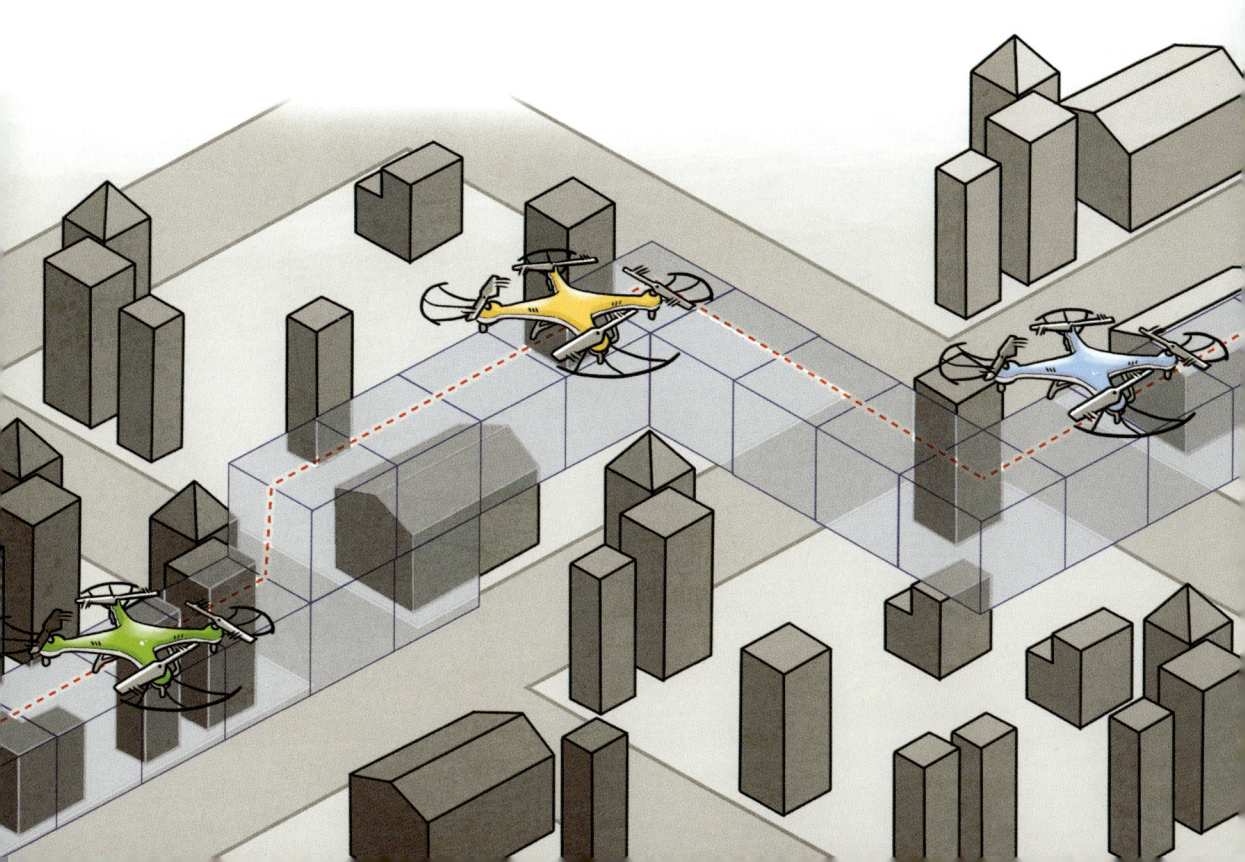

5 놀라운 드론의 미래

앗! 드론이 군사 시설에 침입했어!

안전한 드론 세상을 위한 과제 2

드론 해킹 방지

드론은 컴퓨터로 작동되기 때문에 해킹에도 대비해야 해요. 원격 조종이나 자동 조종으로 날고 있는 드론의 프로그램을 누군가 해킹한다면 큰 사고가 일어날 수 있어요. 컴퓨터와 인터넷에 보안이 필요한 것처럼 드론 조종 프로그램과 전파에 대한 보안도 매우 중요하답니다.

안전한 드론 세상을 위한 과제 3

사생활 침해 및 정보 유출 방지

드론이 다른 사람의 집이나 군사 시설을 함부로 살피지 못하도록 법으로 막고 있어요. 안전한 드론 세상이 되기 위해서는 사생활 침해를 방지하고 중요한 정보의 유출을 막는 드론 법이 꼭 필요하지요.

5 놀라운 드론의 미래

생체 모방 드론이란 무엇이에요?

드론이 안전하게 하늘을 날아다니며 다양한 역할을 해내기 위해서는 새나 곤충이 가진 감각이 필요할 때가 있어요. 그래서 과학자들은 생물의 구조와 움직임을 모방한 기술을 드론에 적용하고 있지요. 이런 드론을 생체 모방 드론이라고 해요.

미국 하버드대 연구팀은 파리의 움직임을 보고 아주 작은 드론을 만들었어요. 길이 3센티미터, 무게 60밀리그램(mg)의 작고 가벼운 '플라이봇'은 비좁은 곳은 물론 사람이 접근하기 힘들고 위험한 곳에서도 탐사 활동을 할 수 있지요.

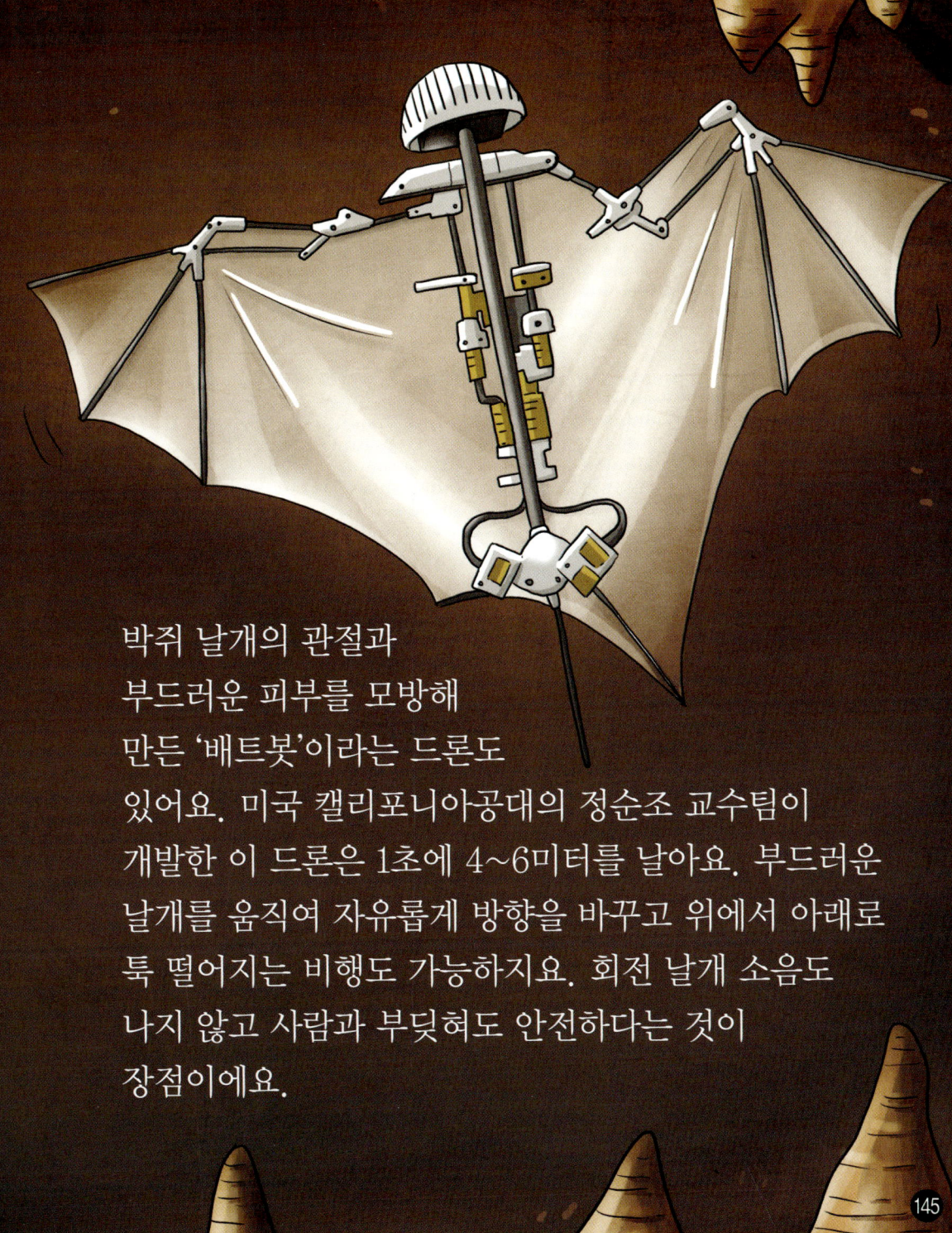

박쥐 날개의 관절과 부드러운 피부를 모방해 만든 '배트봇'이라는 드론도 있어요. 미국 캘리포니아공대의 정순조 교수팀이 개발한 이 드론은 1초에 4~6미터를 날아요. 부드러운 날개를 움직여 자유롭게 방향을 바꾸고 위에서 아래로 툭 떨어지는 비행도 가능하지요. 회전 날개 소음도 나지 않고 사람과 부딪혀도 안전하다는 것이 장점이에요.

5 놀라운 드론의 미래

독일의 페스토에서 만든
갈매기 드론

생물과 똑같이 생긴 드론을 만드는 회사도 있어요. 독일의 회사 '페스토'는 갖가지 생물의 모양과 움직임을 모방해 드론을 만들었어요. 갈매기 모양 드론, 나비 모양 드론, 개미 모양 드론, 심지어 해파리나 펭귄 모양 드론도 있답니다. 이 드론들은 실제 생물과 너무나 비슷해서 얼핏 보면 구분하지 못할 정도예요.

미국 국방부가 개발한
곤충 드론

미국 국방부에서는 실제 곤충 크기의 곤충 드론을 만들었어요. 동전 크기만 한 곤충 드론은 원래 스파이(적의 정보를 몰래 알아내는 사람)로 활용하려고 개발한 거예요.

미국의 대학생 애나 할데왕은 점점 멸종해 가고 있는 꿀벌을 대신할 꿀벌 드론을 디자인했어요. 이 드론이 실제로 만들어진다면 꽃가루를 이리저리 옮겨서 식물이 번식하는 데 중요한 역할을 할 거예요. 앞으로는 또 어떤 생체 모방 드론이 만들어질지 궁금하지 않나요?

애나 할데왕이 디자인한 꿀벌 드론

5 놀라운 드론의 미래

드론으로 생겨나는 직업들

드론의 쓰임새가 점점 다양해지고 여러 가지 드론들이 만들어지면서 앞으로는 드론과 관련된 직업들도 새로 생겨날 거예요. 어떤 직업들이 있을까요?

드론 조종사

제일 먼저 떠오르는 직업은 바로 드론 조종사예요. 농업이나 산업 현장에서 쓰이는 드론을 전문적으로 조종하는 사람이지요. 드론 조종사는 이미 하나의 직업으로 인정받고 있어요. 드론 조종사가 되려면, 초경량비행장치 조종자 자격증이 있어야 해요. 자격증은 시험을 치른 후 취득할 수 있지요.

드론 정비사

드론이 자동차만큼 흔해지면 고장 난 드론을 수리하는 정비사도 직업으로 자리 잡을 거예요. 자동차가 고장 났을 때 가까운 정비소를 찾아가서 고치는 것처럼 크고 작은 드론이 고장 나면 찾아가서 고칠 수 있는 정비소도 생길 테니까요.

드론 관제사

수많은 드론이 하늘을 날고 드론 택시까지 생긴다면 복잡한 하늘을 교통정리해 줄 사람이 필요해요. 드론이 다른 드론이나 비행기, 헬리콥터와 부딪히지 않게 항공 교통정리를 해야 하지요. 드론 관제사가 바로 그 일을 해요.

5 놀라운 드론의 미래

드론 시스템 개발자
여러 가지 드론을 설계하고 제작하는 사람이에요. 드론이 수집해 온 많은 자료들을 분석하고 관리하는 일도 하지요. 드론 시스템 개발자는 드론의 안전을 위해서 보안 시스템을 만들고 관리하는 일을 하기도 해요.

드론 소프트웨어 개발자
드론의 내부 기능과 조종에 관한 소프트웨어 프로그램을 만드는 사람이에요. 또한 스마트폰 애플리케이션처럼 여러 응용 프로그램을 만드는 일도 하지요.

5 놀라운 드론의 미래

드론 촬영 전문가

드론으로 영상이나 사진을 촬영할 때는 조종 기술과 촬영 기술이 모두 필요해요. 이 두 가지 기술을 모두 갖춘 사람이 드론 촬영 전문가예요.

드론 사고 조사관

하늘에서 드론이 충돌하거나 추락하는 드론 교통사고를 조사해서 원인과 문제를 찾아내고 보상을 결정하는 일을 해요. 드론에 관한 지식이 풍부해야만 사고의 원인을 정확히 찾아낼 수 있지요.

5 놀라운 드론의 미래

드론 전문가가 되려면?

미래에 드론 전문가가 되고 싶다면 어떻게 준비해야 할까요? 가장 먼저 드론과 친해지는 게 좋겠죠? 작고 간단한 취미용 드론부터 조종해 보면서 조종 감각을 익히고 드론과 가까워지는 거예요. 전문적인 드론 조종을 배우고 싶다면 전문학교나 드론 협회를 방문해 공부해 보는 것도 좋은 방법이에요. 비행교육원이나 아카데미에서는 드론 조종사 자격증을 따는 것도 도와준답니다. 이론 교육과 실기를 20시간 동안 배우고 나면 시험에 도전할 수 있어요.

드론학과 또는 무인항공기학과가 마련된 대학교에 입학해 미래의 드론 전문가가 되기 위해 필요한 공부를 하는 것도 좋은 방법이에요.
여러분도 미래의 멋진 드론 전문가가 되어 보고 싶지 않나요?

어린이 과학백과 시리즈
초등 교과 연계표

책 명	학년-학기	교 과	단 원
인체백과	2-1	봄2	1. 알쏭달쏭 나
	6-2	과학	4. 우리 몸의 구조와 기능
곤충백과	2-1	여름2	2. 초록이의 여름 여행
	3-1	과학	3. 동물의 한살이
	5-1	과학	5. 다양한 생물과 우리 생활
로봇백과	3-1	국어	2. 문단의 짜임
	3-1	과학	2. 물질의 성질
동물백과	3-1	과학	3. 동물의 한살이
	3-2	과학	2. 동물의 생활
	5-1	과학	5. 다양한 생물과 우리 생활
호기심백과	2-1	봄2	1. 알쏭달쏭 나
	3-1	과학	5. 지구의 모습
	5-2	과학	3. 날씨와 우리 생활
바다해저백과	3-1	과학	5. 지구의 모습
	3-2	과학	2. 동물의 생활
공룡백과	3-2	과학	2. 동물의 생활
	4-1	과학	2. 지층과 화석
전통과학백과	1-2	겨울1	2. 여기는 우리나라
	3-1	과학	2. 물질의 성질
	3-2	사회	2. 시대마다 다른 삶의 모습
우주백과	3-1	과학	5. 지구의 모습
	5-1	과학	3. 태양계와 별
장수풍뎅이 사슴벌레백과	2-1	여름2	2. 초록이의 여름 여행
	3-1	과학	3. 동물의 한살이
파충류백과	3-1	과학	3. 동물의 한살이
	3-2	과학	2. 동물의 생활
	5-1	과학	5. 다양한 생물과 우리 생활
벌레잡이·희귀 식물백과	1-1	봄1	2. 도란도란 봄 동산
	4-1	과학	3. 식물의 한살이
	4-2	과학	1. 식물의 생활
세계 최고·최초백과	3-1	과학	5. 지구의 모습
	5-1	과학	3. 태양계와 별
	6-2	사회	1. 세계 여러 나라의 자연과 문화
발명백과	3-1	과학	2. 물질의 성질
	4-2	과학	3. 그림자와 거울
드론백과	3-1	과학	2. 물질의 성질
	5-2	과학	4. 물체의 운동
인공지능백과	4-1	과학	1. 과학자처럼 탐구해 볼까요?
	5	실과	6. 나의 진로
	6	실과	3. 생활과 소프트웨어 4. 발명과 로봇

가장 무섭고 공포스러운 생물은 누구?

《최강왕 초강력 위험 생물 최강왕 결정전》에서 전 세계 가장 포악한 생물들의 치열한 배틀을 만나 보세요.

Creature Story 편저

과학 학습 도감
최강왕 시리즈 현 22권

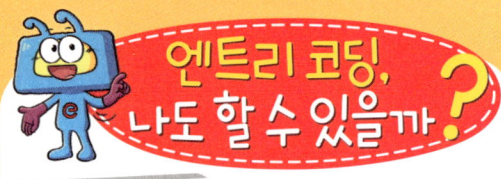

엔트리 코딩, 나도 할 수 있을까?

《퀴즈! 과학상식-엔트리 코딩》을 통해 따라 하면 할수록 쉽고 재미있고 신기한 엔트리 코딩을 만나 보세요.

김윤수 지음, 도니패밀리 그림

재밌는 만화로 배우는
퀴즈! 과학상식 현86권